When Trauma Leads to Transformation

洞察人性正向昇華的蛻變潛能——心理學研究靈性經驗

從失去、創傷、憂鬱、瀕死等真實案例，發掘人心回應苦難進而向上轉化的智慧

超凡的覺醒

EXTRAORDINARY AWAKENINGS

Steve Taylor

史蒂夫・泰勒

李忞——譯

超凡的覺醒

洞察人性正向昇華的蛻變潛能——
心理學研究靈性經驗，從失去、創傷、憂鬱、瀕死等真實案例，發掘人心回應苦難進而向上轉化的智慧

EXTRAORDINARY AWAKENINGS
When Trauma Leads to Transformation

史蒂夫・泰勒（Steve Taylor）著

積木文化

各界讚譽

「史蒂夫．泰勒精彩的新作，帶我們認識了從創傷和危機中破繭而出、靈性覺醒的人們。我最愛這本書的一點，是它將這些正向轉變共有的過程，清清楚楚勾勒出來。它能幫助我們每個人面對生命中的危機和創傷。真是一本美妙的好書！」——**菲爾．波赫士**（Phil Borges），攝影師、電影工作者，《瘋狂的智慧》（*Crazywise*）共同導演

「這本強而有力、富含啟發的書，顯示了人生最艱難的時刻也是轉變的最大契機。書中的生命故事扣人心弦，展現出人類的韌性和我們內在蘊藏的潛力。」——**史考特．巴瑞．考夫曼**（Scott Barry Kaufman），人類潛能學中心（Center for the Science of Human Potential）創辦人暨院長，《巔峰心態》（*Transcend: The New Science of Self-Actualization*）作者

「史蒂夫．泰勒以明晰的文筆、實用的智慧，指引我們如何轉化和超越生命必經的混亂。泰勒是位了不起的嚮導，步伐穩健、處變不驚，引領讀者探索當人們面對死亡（自己或他人之死）、受成癮挑戰、失去定義自身的重要人事物時，可能發生的驚人蛻變。泰勒讓我們看見，當人視為理所當然的某些小我依附無可挽回地瓦解，在那舊位置上，也可能長出一種更全面、更完滿得多的自我意識，帶給我們平靜和超越。《超凡的覺醒》就如泰勒先前的著作，探討人人多半都會經歷，但未必完全意識到的疆域，並用溫柔、

堅定的聲音道出其中的意義。這裡頭有許多值得學習，許多需要我們甦醒和接納的地方，以便一步步拋開習慣、成見、恐懼，成為更高的自己。」——**邁可．裘爾**（Michael Jawer），《敏感的靈魂》（*Sensitive Soul*）作者

「史蒂夫．泰勒邁出了一大步，他揭露創傷遭遇和生命困境，能催化影響深遠的覺醒。我們不能再以錯亂，抑或不值一顧的壓力反應來看待這些經驗。事實上，它們也屬於生命中的正向轉變過程，能使經歷的人們從此煥然一新。」——**艾瑪．布拉東博士**（Emma Bragdon），《靈性危機協助指南》（*A Sourcebook for Helping People in Spiritual Emergency*）、《靈性危機的召喚》（*The Call of Spiritual Emergency*）作者

「一本適合這時代的感人好書。有些人的覺醒，來自於一場與自然相遇的美妙經驗，或迷幻藥物造成的神秘體驗。但也有些人的覺醒，是走過一段成癮、監禁、病危、憂鬱等靈魂黑夜的結果。史蒂夫．泰勒讓我們看見，即使在最艱難的時刻，覺醒永遠是選項之一。對於那些身陷困境的人們，本書仿佛一艘救生艇。」——**大衛．盧可夫**（David Lukoff），靈性能力學院（Spiritual Competency Academy）創辦人暨院長

「《超凡的覺醒》是本結合不凡與平凡的書。不凡在於，它描述了痛苦如何突然昇華，將人們提升到更光明、喜悅的生命狀態。平凡在於，我們每一個人都有能力，成為史蒂夫．泰勒所謂的『蛻變者』。書中這些故事激勵了我，提醒我不斷喚醒自己，為更美好、更友善、更和平的世界努力。」——**伊麗莎**

白・萊瑟（Elizabeth Lesser），歐米茄學院（Omega Institute）共同創辦人，紐約時報暢銷書《破碎重生》（*Broken Open: How Difficult Times Can Help Us Grow*）作者

「深具魅力、鼓舞人心。不僅有力地道出了一個個將創傷轉化為靈性覺醒的故事，史蒂夫・泰勒更探索這些經驗的共同特徵，提煉出能幫助我們自身覺醒的成分，每位讀者都能受益。」——**彼得・羅素**（Peter Russell），《不放手也行》（*Letting Go of Nothing*）、《從科學到上帝》（*From Science to God*）作者

「引人入勝的好書。融合了揪心的生命故事和突破性的心理學研究，這本充滿啟發的書，能幫助你在人生最巨大的考驗之中，找到值得感謝的恩賜。而藉由將個人蛻變連結到關於人類全體未來的大哉問，史蒂夫・泰勒更從心理學者躍升為一位真正的前瞻者。」——**馬修・格林**（Matthew Green），《餘震：走過戰爭創傷，重獲平靜心靈》（*Aftershock: Fighting War, Surviving Trauma and Finding Peace*）作者

憂傷在你心上鑿得越深，你也就裝得下越多喜悅。

——紀伯倫（Kahlil Gibran）

目次

前言

自古以來，人生在世，總是充滿磨難與混亂。佛陀說「人生是苦」（有些詮釋認為應指「人生有苦」）為世間第一條真諦，說得極有道理。對我們的多數老祖宗來說，人生就是各種苦難的交替循環——飢餓、疾病、戰爭等物質之苦，不公與壓迫等社會之苦，還有頻繁喪失親友、得不到自由或機會等心理之苦。而對於有幸活在相對安全、富足環境的現代人，包括許多歐洲人和北美人來說，如今痛苦則以心理層面居多。今人或許不那麼受貧困、飢餓、疾病威脅，卻須體驗各式各樣的心理折磨。我們得承受現代生活的忙碌和社會競爭所帶來的壓力，也得應付大量感官刺激和資訊轟炸所造成的疲勞。我們過著支離破碎、沒有群體感的都會生活，而苦於孤寂和疏離，又因為孤寂、缺乏活著的意義，而深深被憂鬱折磨。

我們很難理解人為什麼要受苦，甚至會覺得受苦根本不可能有半點好處。然而，很多人真的發現受苦也有正面效果，至少長期來說是如此。近年有不少心理學者，致力於研究「創傷後成長」（post-traumatic growth，PTG）的現象。此概念描述各類型的創傷，譬如痛失摯愛、生了大病、發生事故、遭受壓迫、離婚，最終可能帶來顯著的個人成長。研究指出，約有半數人在創傷事件後經歷到某種形式的個人成長。長期而言，他們感覺獲得新的內在力量與自信，對於生命及他人充滿感激。他們與人發展出更親密真誠的關係、視野變得更加開闊，而且很清楚自己生命中重要的是什麼。[1]

本書中，我們將檢視與此相關的另一種現象，我稱之為「混亂中蛻變」（transformation through turmoil，TTT）。[2]我們將探討這種不可思議的現象，仔細觀察為何強烈的心理痛苦，能使人突然轉變成嶄新的自己。本書嘗試向讀者呈現的，是靈性覺醒（spiritual awakening）可能發生在最意想不到之處。你會在本書遇見一些非常棒的人，他們都曾面對生命所能給人最巨大的考驗，卻非但沒有崩潰不起，反而像浴火重生的鳳凰，向上轉化至一種更高功能（higher-functioning）的覺醒狀態（awakened state）。你會遇見曾經痛失所愛、為憂鬱瀕臨自殺、被長年癮頭拖垮，或因重大傷病來到鬼門關前，並因此甦醒的人們。你也會遇見身陷囹圄而蛻變的長期受刑人，和在作戰壓力與焦慮下覺醒的軍人。

最了不起的蛻變

混亂中蛻變是我至今見過最令人驚嘆的現象。人們一夕之間徹底轉變的能力真的非常神奇，甚至會讓你覺得是完全不同的人住在原本的身體裡。吸毒或酗酒多年的人突然不需要藥或酒了，因為他們已重生為沒有癮頭的人。長期憂鬱的人忽然發現內心的折騰煙消雲散，進到一種自在快活的恆久狀態。一度想尋死的人們，開始將生命視作奇蹟般的偉大冒險。被拘禁多年的人們，經歷某種精神解放，再也不覺得有一丁點兒不自由或受剝奪。

這些被我稱為「蛻變者」的人，對他們自己狀態的描述，有著驚人的一致性，彷彿這是人類潛能繼續發展就會進入的一個階段，也許每個人都能到達。這是一種更高功能的狀態，此時人活得比平常更輕鬆，效益也更高。經歷混亂中蛻變的人，都體會到一種持續不散的幸福快樂，以及與他人、自然、整個世界相連的感覺。在他們看來，世界是個無比美麗迷人的地方。他們相對沒那麼物質主義、沒那麼自我中心，較富有同情心和利他精神。他們普遍覺得活著非常有意義，對生命中的一切及生命本身充滿感激。

這聽起來簡直猶如奇蹟，好似某些宗教描述的重生經驗。表面上，兩者不無相似，我們也的確會讀到一些案例中，蛻變者以宗教觀點來解讀他們的轉變，因為這是他們唯一能理解這些經驗的框架。但其實這兩種現象差異甚大。宗教重生經驗經常是觀念性的：人們由於信仰改變，開始採行一套與之相符的生活型態。混亂中蛻變則是非觀念性的，若其中有所謂重點的話，比較是在於**放下**信仰，而不是接受信仰。混亂中蛻變是一個人身分和人格的徹底改變。研究顯示，宗教重生經驗常是暫時的，混亂中蛻變則無一例外是永久的，原因可能就在這裡。

本書目標

我研究混亂中蛻變已有多年的時間，如今覺得時機成熟，可以將這一路上搜集到的一些美妙蛻變故事與大家分享了。本書的每一個章節，都探討了不同類型的巨大痛苦——比如參與戰爭、遭受監禁、失去親友、面對死亡、為癮所困——並對這些處境中發生的靈性覺醒加以描述。本書的基礎，是我與經歷過「超凡覺醒」的人們所進行的多次深入訪談，偶爾亦有參考其他來源，於書中另有標注。我在很大程度上，盡量以蛻變者自己的話來呈現他們的故事，但也會對故事細節進行濃縮和穿插我的分析評論。

能訪問這些蛻變者，是不可思議的美好經驗。我常不知不覺濕了眼眶或背脊發麻。聽著那些曾失去所有、熬過最極端的苦、走過最窘迫絕境的人說起他們的故事，真的會非常感動。而看到他們如此耀眼地從谷底站起，現在活得那麼充實、有意義，更是說不出地激勵人心。我很肯定，當你讀到這些故事，一定也會同樣地被觸動。

這些故事也呈現出人類心靈的韌性，讓我們看見人常常低估了自己的能耐。我們在日常的生活、工作、社交、娛樂中，通常都只運用到我們最表層的潛能。但一直以來在那表層之下，我們內在還藏著一大片又深又廣的力量、技能、韌性，只是自己沒意識到而已。我們可能缺少自信或自尊，覺得自己弱小、沒能力。然而一旦碰上生命的考驗，我們便會發覺，我們的內在其實非常強悍，幾乎足以度過任何難關。

另一方面，這些蛻變經驗說明了人的正常狀態是多麼**受限**。**覺醒**一詞意味著我們平時處於某種睡眠之中。而經歷過混亂中蛻變的人都表示，他們發現一般認為的「正常」，其實是種脫離常軌的狀態，會讓我們產生心理痛苦、用一種錯誤的表象看世界。覺醒為我們打通一條路，通向一種更完整、更高功能的狀態，在這種狀態下，我們會感覺生命很輕鬆，行走於世很自在。

除了分享這些不可思議的蛻變故事，本書後段，我也針對蛻變經驗的**意義**。這些經驗能夠解釋嗎？背後有哪些心理因素在作用？為何有些人會發生蛻變，有些人卻不會？我們將會看到，混亂中蛻變雖神奇，卻非完全神秘。實際上，它有很大一部分可以透過心理學來解釋。從這一現象的本質，我們能更加瞭解靈性覺醒是如何發生的。

這就把我們帶到了本書另一個重要層面。我們將在最後一章看到，混亂中蛻變提供了一些可貴的原則，我們每個人都能將其應用在自己的靈性發展上。這些原則包括釋放心理依附（psychological attachments）、面對及思索死亡、以承認和接納的心境回應痛苦。

蛻變的人們更積極有意義的新人生，使我們彷彿窺見人類未來的一種嶄新可能、一個不一樣的世界，裡頭不再有危害當今之世的種種殘暴與瘋狂。確實，這些超凡的覺醒具有一層演化方面的意義，我們將在本書最後談談這個主題。它們顯示了人類作為物種可能是什麼樣子，甚至未來**必將**成為什麼樣子。

「超凡」的含義

本書英文書名中的**超凡**有兩層含義。一方面，它指這些蛻變發生於不平凡的情境下。之所以說這些情境——例如參與戰爭、遭受監禁——如此不平凡，是因為我們通常不會將它們與靈性覺醒聯想在一塊。另一種超凡，在於這些經驗涉及了飽受剝奪與失落和某種程度的絕望，而這似乎與靈性覺醒的和諧喜樂，正好落在相反的兩極。失去親友和為癮所困的例子皆是如此。

然而，**超凡**一詞也可用來形容這些蛻變經驗的本質。如同前面描述的，蛻變者經歷到奇蹟似的轉變，因此可謂超凡。其中有些經驗，似乎無法透過理性原則解釋，好比上癮者沒什麼明顯原因、忽然覺得自己徹底變了個人，而且從此之後再也不為癮頭困擾。同樣難以解釋的，還有一些驚人的瀕死經驗，人們描述他們遇見了光和愛構成的終極真實，有時還遇到超自然的存在。

這裡要向讀者指出，我在本書探討的蛻變類型，是經過選擇的結果。還是有其他類型的心理混亂和創傷值得以專章討論，不過考慮篇幅而沒有納入。若要涵蓋心理混亂的所有類型，本書至少會變成目前的兩倍長。我考慮過另闢幾章來寫這些混亂中蛻變的故事，像是剛生產完的媽媽因新生兒帶來的壓力和失眠（我在舊作《飛躍》〔*The Leap*〕中敘述過，Marita 生完第二胎後患上產後憂鬱，並在連續四天沒睡後經歷了這場蛻變[3]），以及關於難民在這方面發生的變化（二〇一八年，我主持我們大學的一項計畫，研究尋求庇護者和難民的創傷經驗，發現參與者中也有創傷後成長和混亂中蛻變的例子），也考慮另寫罹患重病或因故傷殘者的混亂中蛻變。如果本書有機會出版續作，上述類型是我一定會納入的。

也請讀者記得，覺醒的發生方式亦可能比較平凡，未必都如本書所探討的對象。很多案例中，靈性覺醒和心理混亂甚至完全沾不上邊。最常見的靈性覺醒型態，是經年累月依循靈修方法或途徑漸漸發生的。本書的目標並非為「靈性覺醒」這個大主題提供整體概觀（這是我在《飛躍》中嘗試做的），而希望聚焦於一種特定的蛻變類型，即：人類承受極端痛苦時，可能發生的超凡的覺醒。

---

1. Taylor, "Transformation through Loss and Grief."
2. 波蘭心理學家 Kazimierz D browski 在一九六〇年代發展了類似的理論。在「積極分裂理論」（positive disintegration）的研究中，D browski 討論了動蕩和痛苦如何導致心理成長：緊張、自我懷疑、焦慮和憂鬱，會導致舊人格的結構崩潰，讓新的、更完整的人格發展起來。
3. 我偶爾也會使用創傷後轉變（post-traumatic transformation）一詞。這樣的用詞清楚地表示混亂中蛻變與創傷後成長有關，並且可以被視為創傷後成長的一種變體。然而該術語可能有點誤導大眾：「post」的意思是「在……之後」，但許多人在心理動蕩「中」而不是「後」經歷轉變，倒是創傷後成長確實是在創傷後逐漸發生。雖然混亂中蛻變有時也是如此，但在心理劇烈動蕩的時期，它更有可能突然發生。

第一章　烽火中的和平：在戰場上蛻變

在我們開始探索前，我希望先說明我所謂的「靈性覺醒」是指什麼。**靈性**（spiritual）一詞常常被與宗教聯想在一起，但我用此詞並無這樣的含義。你將在本書讀到的這些經驗，和宗教沒有任何關聯（雖然有信仰的人或許會由宗教角度解釋）。靈性覺醒很單純，就是移入一種更鮮明、更遼闊的覺察狀態。覺醒時，我們會覺得好像限制人類一般感知能力的某種濾網或邊界消失了。同時，覺醒也是一種更高功能的心理狀態，此時人們感覺更加快樂滿足、心境和諧，較容易發揮創意、活出真我。我們覺醒時，覺察至少在四個領域會變得鮮明遼闊。

首先，覺察會在**感官**方面鮮明起來。我們周圍的世界變得更清晰、更生動。我們會注意到此前沒注意過的東西。從前看來無聊沉悶的事物變得迷人至極。我們更能體會出音樂和藝術之奧妙、自然景觀或美麗建築之宏偉。

覺察也會於**內在**變鮮明。我們意識到自己比想像中更深邃、更豐富。我們發現自己的意識、身分，還存在著許多想都沒想過的部分。就好比一個潛水者，原本在淺灘游著，沒想到鑽過一條水底隧道，竟發現底下還有一片深海。

在和他人、和世界整體的**連結**方面，覺察也會更鮮明。我們對他人更容易感同身受，對其他生命和整個自然界亦是如此。我們的愛和同情心似乎增加了。我們感到自己不只是小小的個人，而是更大的「生之網絡」的一部分，不僅僅是獨自持有，而是與眾生共享著一份意識。我們感到和自然相連，也因此對它產生新的敬意和責任感。

最後，覺察在**觀念**方面也會更遼闊鮮明，使我們對世界擁有更寬廣而全面的視野。我們得以超越自我中心、把個人問題擺第一的視角。我們開始能由宏觀許多的角度看事情，更關心他人的困難、社會議題、全球議題。在一般覺察狀態，我們常常緊抓國籍、宗教、政治歸屬等群體身分不放，視其他群體的成員為他者，並拒絕對他們流露同情和尊重。然而覺醒時，我們會跳脫群體身分。此時的我們，若還能說有任何群體認同，那應該是不帶區別地認同人類全體。我們對所有人都感覺一樣尊重和同情，就算他們表面看來有天大的差異。本書附錄列出了清醒狀態（wakefulness state）的主要特徵，讀者可以參考。

覺醒也有**暫時**的形式。覺醒**經驗**便是對清醒狀態的驚鴻一瞥，短則數秒、長則數小時，甚至幾天也不無可能。這段期間，我們的感知會如前所述，在各方面愈加遼闊鮮明。感官變得更強烈清晰，內在世界更寬廣，深深感到與他人及自然界相連等。覺醒經驗極強時，我們可能出現脫離自身、與萬物合而為一的感覺。我們可能意識到一股動態的靈性力量，無所不包、無所不在，其本質是喜樂或愛。然而一段時間後，我們的正常心理結構重新歸位，這種增強的覺察就消失了。或者也可以說，我們又重回沉睡之中。

覺醒經驗，是很多人踏上靈性旅程的起點。他們初次窺見清醒狀態之後，開始想接觸靈修途徑或方法，希望能找回曾經體驗過的那種更鮮明遼闊的狀態。於是，他們可能漸漸培養出持續的清醒狀態。

本書將以永久蛻變為主要焦點，但我們也會連帶檢視一些暫時的覺醒經驗。事實上，我們要來探討的第一個案例，就是始於暫時的覺醒經驗，而終於持續的清醒狀態。

「彷彿身在永恆的一刻中」——格斯的故事

福克蘭群島（Falkland Islands）位在大西洋上，坐落於南美洲東海岸外約四八〇公里處。這一群大小島嶼過去被歐洲人發現及殖民。到了一八三〇年代，英國宣布群島為其所有，此後福克蘭群島便一直由英語族群統治。不過，阿根廷也一向宣稱擁有島嶼主權，並於一九八二年發動了軍事入侵。一場戰事於是爆發，持續了十週，造成超過九百人喪生，最後以英國拿回群島主權告終。

格斯（Gus Hales）是英國派往福克蘭群島作戰的兩萬六千名士兵之一。某天，他在前線等待下令開戰時，有過一段改變他人生的經驗：

開戰前夕，生命變得極度緊繃，而你被迫活在當下。我記得我坐在那裡，一直在想：「我不想死」。我想回家。我想逃走。我盤算過假裝受傷。我心裡有一大堆抵抗和自我對話：「我為什麼要做這些？我又不想做這些。」我想著我會是怎麼個死法，我還記得我告訴自己，希望可以快點被解決掉。我意識到生命多脆弱、多無常。也許這就是我人生的最後一夜。

到了某個時刻，我心裡只剩一種感覺：「隨便了。反正如果會死，那就死吧。」我放下了。我和死的念頭和解，於是我得到平靜。完全的平靜。有一兩個鐘頭，好像未來和過去都不存在，時間消失了，我整個人狂喜不已。我彷彿身在永恆的一刻中，我意識到沒什麼好怕的。不管發生什麼都沒關係。我意識到我的命其實沒那麼重要，它也不知還會屬於我多久。我和過去的一切都和解了。

戰爭結束後，格斯和許多軍人一樣，多年來受創傷後壓力症候群（post-traumatic stress disorder，

PTSD）困擾。他充滿焦慮、憤怒，有嚴重的夢魘問題，卻無法向任何人說明他的感受。然而，他從未忘記戰場上那次永恆的體會，並且渴望能重回那種狀態。他有時會徹夜不睡，坐在床上，「試著回到那個永恆時刻，回到那一切都很好的感覺。有點類似守夜，像在靜坐冥想，雖然我那時還不知道冥想。」

經過多年煎熬，格斯被介紹去一家治療退役軍人創傷後壓力症候群的精神科診所。他在那裡遇到的另一位軍人給了他一本佛教的書，其中提到一點，勾起了他的興趣：人能控制自己的想法、改變對它們的態度。他去造訪了一間佛教寺院，聽見那裡的僧人說「苦來自罣礙」。他發覺這能解釋開戰前夕他為什麼會那樣——他當時就是放下了對生命的牽掛。後來，格斯和一位從軍過的僧人約了個別晤談。那次晤談對他極為關鍵：

> 我原以為他會想聽我的故事。我以為自己很特別，因為我當過傘兵，在福克蘭群島打過仗。但他對我的故事半點興趣也沒有。他說：「那你想談的到底是什麼？」我告訴他，戰爭一直在我腦海揮之不去，我無法不去想在福克蘭群島的遭遇。他只一副不屑一顧的樣子說：「別管它們就好了，不過是些念頭。」說完他就走了。
>
> 之後不久，我參加了一個冥想團體。一開始，我沒辦法靜下來冥想，我的心總是轉個不停。但後來有一瞬間，我又回到開戰前夕的那種感覺，一切都靜如止水。雖然只持續短短幾秒，可是

我想，如果五秒能做得到，那十秒、一分鐘或者更久，又有什麼難呢？

我發現一直以來，是我讓痛苦持續活在我的想法中。戰爭十年前就結束了，但我心裡的我還在打那場仗。我意識到折磨我的不是戰爭，而是我關於戰爭的自我對話——要是當時這樣的話、那樣的話——始終在追究無法回答的問題。痛苦是因為我緊抓著那些不放。

冥想帶來的解放鼓舞了格斯，接著，他又報名了一場十日內觀（Vipassana）靜修營。他發現內觀的嚴格紀律作息很吸引他的軍人性格。他努力培養在當下找到寧靜、觀察內在所思所感的能力。他感到他的思緒之間騰出了越來越多的空間，終於，創傷後壓力症候群的症狀開始漸漸減輕。他告訴我：「冥想教會了我不一定要去管那些念頭。你不必跟著它們團團轉，只要知道它們存在、觀察你在想什麼就可以了。面對焦慮和恐懼也一樣。別急著反應，靜下來觀察，它們就會慢慢消散。」

由於深知創傷後壓力症候群在退役軍人中有多普遍，格斯堅決想將他的發現分享出去。他正式成為佛教徒，這些年來將冥想教給許多從戰場回來的人，也主辦過多次內觀營。此外，他還曾發起運動呼籲重視退役軍人的心理健康問題，包括居高不下的流離失所和自殺率。二〇一八到二〇一九年間，他兩度絕食抗議，希望能提高對此議題的關注，促使英國政府作出更多努力。他告訴我：「我想幫助別人，減輕他們的痛苦。回到當下的能力改變了我的生命，所以我想把這個啟示分享出去。以前，我都把覺悟想成某種目標——我一定要開悟！但後來我發現，覺悟不是靠取得什麼。覺悟其實關乎捨棄、關乎放下。」

戰爭的矛盾

沒有什麼比戰爭更能清楚展現人類本質中的黑暗面：戰爭是一套打鬥、殺戮、征服其他人類群體的行為。戰爭不僅本身即為駭人之惡，此情境還經常讓強暴、凌虐、偷竊、奴役等其他諸多惡行得以出現。戰爭似乎證明了人類只不過披上了文明的外衣，來掩蓋兇殘野蠻的邪惡本性。

過去不少人類學者認為，人類自古以來就會彼此交戰，但今日已有許多學者相信，戰爭是相當晚近的發展。我在拙作《墮落》（*The Fall*）中也曾談及，史前人類其實還頗愛好和平。一直要到大約六千年前，戰爭才開始在人類社會流行，而且大部分也僅限於世界某些地區，主要是中東和中亞。不過，接下來幾千年間，戰爭擴散到世上大多數的地方。

自那以來的人類歷史，就如心理學及哲學家威廉·詹姆斯（William James）所言，是場不折不扣的「大屠殺」。[1]戰爭狂熱的最高峰，或許是十九世紀到二十世紀中葉這段時期，其間歐洲各國幾乎不曾有片刻停戰。一七四〇至一八九七年間，歐洲共發生了兩百三十場戰爭或革命，部分國家的財政幾乎被軍事開銷拖垮。緊接著，是地球史上第一次和第二次真正的國際大戰，兩場戰事奪走了約一億人的性命。

這種殘忍的暴行，怎麼可能和覺醒經驗或靈性蛻變扯上關係呢？誠然，靈性追尋屬於人性中極高的層面，戰爭則屬於極低的層面。靈性追尋是聖賢的領域，戰爭則是心理病態者的領域。

以上的觀點當然都沒有錯，然而我的研究顯示，強烈的心理混亂是觸發覺醒的主因之一，包括暫時的覺醒經驗，也包括永久覺醒。無庸置疑，戰爭是造成心理混亂的一大源頭，因此，在滿目瘡痍的殘酷境地中，心靈之光有時能衝破黑暗閃耀出來，也就不那麼令人意外了。混亂中蛻變讓我們看見表面上南轅北轍的心境——譬如絕望和喜悅、混亂和平靜——其實並非二元對立。它們有著共生的關係。在戰爭的例子裡，就能明顯地看到這點。

作戰時刻的覺醒經驗

從我過去的研究，我發現格斯在作戰前夕的那種暫時覺醒經驗，並非罕見現象。二〇一〇年，我研究覺醒經驗的著作《從沉睡中甦醒》（*Waking from Sleep*）出版後不久，一位叫斐莉絲（Phyllis）的女士寫信給我，向我描述了她在阿富汗作戰時的一場覺醒經驗。那是她加入美國國民警衛隊後，第三次駐外任務。她當時生活在巴格蘭機場（Bagram Airfield）的帳篷裡，處在隨時可能喪命、身心緊繃的狀態。機場每天都有空襲，每當警報響起，她和同袍就衝到最近的碉堡躲避。有一天，她經歷了和格斯類似的經驗：

有一股感覺湧過我全身上下，我只能說那是種「超級幸福感」，我不再感到絲毫擔心或害怕。我變得超級鎮定，非常容易接收到幸福感。生死不再重要了，甚至連平常令人心驚的「空襲接近！」警報響時，我還是這種感覺。這樣的狀態持續了五小時左右，後來漸漸減弱成一種平靜的心境，它支撐著我，直到約七天後我們返回美國。

斐莉絲不懂這段經驗。她想和部隊的弟兄說，但真的不知道該怎麼解讀或解釋才好。就像格斯一樣，她也是多年後聽說靈性，才開始能理解當時的經驗。

還有一個覺醒經驗的案例，甚至更令人震撼，是一位越戰退役軍人寄給我的（他是個低調的人，希望不要透露姓名，以下我們就叫他泰德吧）。此事發生於一九六八年，他們的作戰基地遭到猛烈攻擊，死傷慘重。泰德相信他也難逃死劫：

我把一個個重傷的海軍陸戰隊員抬去待命的直升機邊，就在又抬完一人時，我突然有種奇怪的感覺。我從身體飛了出來。我在無限擴張。我消失了。那感覺只維持了一瞬間，卻是我今生最震撼的體驗。從那時起，不安消失了，我知道無論這場仗我會不會死，一切都會好好的。我無法形容。那一刻並沒有「我」在那裡理解「覺醒經驗」，又要如何描述呢？溪生戰役（Battle of Khe Sanh）總共打了七十七天。剩下的日子，我都在平靜中度過。那七十七天我沒有受傷，儘管有超過兩千五百名海軍陸戰隊士兵受傷、超過八百人陣亡。

一九六九年，泰德從越南回家。就像許多其他士兵，他開始藉喝酒忘卻戰爭的創傷。由於無法理解他的覺醒經驗，他壓抑這件事，後來也就忘了。然而五年後，某位關心他狀況的朋友說服他參加一個佛教禪修營。禪修期間，戰場上的那段經驗鮮明地回到他的腦海。自那時起，他開始踏上靈性追尋之路。他意識到，冥想和靈性能幫助他重獲當時的那些感受。泰德察覺，他體驗到的本質上是「一種活在當下的狀態——接納來到的一切，無論多麼殘酷。」而他也知道，回到當下和接納的能力，可以經由冥想來培養。

遺憾的是，泰德終究沒有重獲當時戰場上的感受。他告訴我：「這五十年來，我一直想再次體驗到那種狀態，可惜沒能成功。跟我在溪生的覺醒經驗比起來，都還差很遠。」但泰德並不沮喪，他說：「光是回想我有過一段那麼強烈、永遠改變我的經驗，就足以支持我走下去了。後來我人生的每件事都受到這段經歷影響。」

泰德的故事，讓我想起一戰期間德國年輕貴族卡爾弗里德・杜克海姆（Karlfried Graf Dürckheim）的故事。杜克海姆在戰爭期間無數次與死亡擦肩，目睹人們在他眼前死去，自己也好幾度差點沒命。這使他連上了自己更深層的一部分，某種他感覺到**超越**死亡的本質。在與印度靈性宗師斯瓦米・帕布帕德（Swami Prabhupada）的一場談話中，他說：「當死亡近在咫尺，而你已接受它……你會意識到一種與死毫不相干的東西……我身上因此留下深刻的印記。我的內在之道便始於這裡。」[2]戰後，杜克海姆和泰德一樣，踏上靈性追尋。他放棄了財產和貴族身分，開始鑽研東方靈性典籍。後來他旅行到日本，在日本學習佛教禪宗數年。他是最早將禪引介至西方的人之一。[3]

創傷後成長與永久蛻變

覺醒經驗雖是暫時的現象，卻幾乎總會帶來重大的改變，就像我們在格斯、斐莉絲、泰德的故事中看到的。經驗本身可能長不過數秒、數分、數小時，但人們常將其描述為一生中最重要的事件。歷經覺醒經驗的人，通常會活得更樂觀、信任、有意義感。如同泰德，他們都很珍惜那段回憶，並從中得到平靜和安慰。特別值得注意的是，人們常因為覺醒經驗而踏上靈性追尋。

不過，有過覺醒經驗和實際**醒來**之間，仍存在相當大的差異。就好比短暫造訪一片美麗的山水，和實際**住在**那片山水中的差別。短暫造訪可以帶給你許多靈感，可以改變你的觀點至某個程度。你因此意識到原本身處的環境並非全世界，世界比你想的更大、更美。你希望某天能重回那片山水，開始研究有何方式能抵達那裡。另一方面，達到永久清醒狀態的人，則會發生根本、全面的蛻變。[4]

退役軍人中，永久覺醒的案例並不少見。我們能從一些研究看出這點。研究顯示，作戰除了極可能導致創傷後壓力症候群，也有很大機會引起創傷後成長。二〇〇六年針對波灣戰爭退役軍人的一項研究，發現許多人出現了創傷後成長。發生率尤其高的族群，是曾經陷入生死關頭，變得更能欣賞一切的退役士兵。就像杜克海姆，他們與死亡擦肩而過後，開始覺得活著本身就令人深深感激。[5]二〇一〇年一項針對伊拉克和阿富汗兩場戰事中退役美軍的研究則發現，暴露在越多戰鬥中的人，出現創傷後成長的機率越高。[6]創傷後成長有時被分為五個領域：對生命的欣賞、與他人的關係、生命的新可能、人格的強壯，以及心靈的改變。七二%的退役軍人，都表示自己在一個以上的領域有重大成長。

創傷後成長和混亂中蛻變的差別，其實只在於強弱程度而已。特別是漸進發生的混亂中蛻變（如格斯的例子），基本上可視為強度較高的創傷後成長。反過來說，一般程度的創傷後成長，也可視為強度較低的靈性覺醒。

我在《衝破黑暗》（*Out of the Darkness*）一書中，描述過一個戰爭創傷引起永久蛻變的驚人案例，是我好友兼導師羅素・威廉斯（Russel Williams）的故事。一九五〇年，二十九歲的羅素經歷了一場撼動他的靈性覺醒。促使蛻變來到的是接連多年的痛苦和創傷，尤以二戰期間最為強烈。倫敦大轟炸時，羅素就在那座城裡，連續數週的每個夜晚，德軍軍機以飛彈轟炸倫敦市區。羅素幾度走過鬼門關，其中一次還出現典型的瀕死經驗。他觸電之後，突然發現自己身在太空、注視著底下自己的身體。然而造成最巨大陰影的是敦克爾克大撤退（evacuation of Dunkirk）。羅素也參與了那場戰役，在德軍逼近的期間運送受困或受傷的士兵到英法海峽對岸。

眾所皆知，許多參與敦克爾克戰役的士兵後來皆患上創傷後壓力症候群，或說當時英國慣稱的「戰爭壓力反應」（combat stress reaction），羅素亦不例外。他這個人唯獨一件往事從來不願多談，就是在敦克爾克的經歷——他說太痛苦了。他只說那恐怖無法言喻，並表示那讓你看見人性最好與最壞的一面。

二戰落幕時，羅素覺得他已支離破碎、失去方向。經過一段時期的漂泊，他接了一份巡迴馬戲團裡的工作，負責照料馬匹、幫牠們梳理和餵食。他開始覺得和那些馬兒有強烈的連結感，後來他也領悟，這種奉獻的生活之於他有修行的意義。隨著他和馬的連結越來越緊密、越來越仔細觀察牠們，他的心慢慢靜了下來。最後，一場突然的靈性覺醒降臨。一天早上他醒來，發現自己不再覺得動物和人之間存在隔閡。他意識到他的心很安靜，焦慮和不滿消失了，留下一股深邃的內在平靜。詳細故事可見羅素的書《是我亦非我》（*Not I, Not Other Than I*）。

「我與更大的什麼同在」——蓋瑞的故事

我服務的大學有開設「跨學科心理學」（Interdisciplinary Psychology）碩士班。這個名稱有時會造成一些誤解，取作「靈性心理學」（Spiritual Psychology）或「另類心理學」（Alternative Psychology）或許更貼切。教這門學程對我是一大享受，部分原因在於它很接近我本身的研究興趣（也能自由設計某些課程的內容），但主要原因還是來就讀的學生都非常棒。其中有不少為三十歲或以上，經歷過靈性經驗或完整靈性覺醒的成人學生。他們來研讀學程的目的，是想更理解這些經驗，釐清它們為何出現和有多常見。或許最重要的是，他們想找到一種另類的現實觀，能跳脫將人視為生物機器、將靈性經驗視為幻覺的主流物質主義觀點，這讓他們的經驗得到解釋。有些人也希望從學術角度研究靈性思想，以便能推廣某些概念、使其更容易被主流文化接受。

最近幾年，我們的學生群中有兩位來自英國的前軍人。二〇一六年，一個體格強健、個性認真的三十二歲男子蓋瑞（Gary，化名）加入了學程。他在班上不太說話，因此隔了一陣子，我才發現他以前是個軍人。他有過一些真正非比尋常的經驗。某次覺醒經驗的課堂上，我將學生分成幾個小組，請他們互相講述自己的經驗。我碰巧聽見蓋瑞說起他在伊拉克的故事。那是二〇〇九年，他正隨英國軍隊參與第二次波灣戰爭。於是後來，我針對那段經驗和他的整體經歷對他進行訪問。就像前面的泰德，蓋瑞也覺得那段經驗難以描述，但嘗試說明了精髓。當時他和部隊在戰場上，忽然近處有炸彈爆炸：

我四處張望，想找防空洞躲，我發現我竟能把整個區域看得一清二楚，好像從上方俯瞰一樣。我的眼睛能看到全景。我感覺我彷彿脫離了身體，但又還在身體裡。一部分的我已經升上太空，一部分的我還留在身體裡頭。我覺得平心靜氣，但明明我隨時都可能被炸死。我事後回想才覺得恐怖。那時的我很冷靜、很專注，採取所有我該做的動作。比方說確認其他人都沒事，四處觀望、找防空洞。那時候我心想：「說不定也沒什麼，就只是腎上腺素的緣故。」但其實我知道應該不只那樣。修了這個學程後，我更篤定了。

後來，蓋瑞又有一次深刻的經驗。他駕駛越野休旅車穿過沙漠時，車子意外翻覆：

車滾下一片山坡，滾了整整八圈，一切都變成慢動作。那感覺就像我這輩子坐過最棒的雲霄飛車。我坐在駕駛座，一直轉一直轉，卻有種最安詳的感覺。我平常開那輛車不會戴安全帽，但那天碰巧戴了，多虧它我才撿回一條命。車撞到坡底時，我彈出去，頭砸在擋風玻璃上。又一次，我覺得平心靜氣。我有種感覺，類似……反正這已經不是我能掌控的了，做什麼也沒用，何不乾脆樂在其中呢？根本沒有什麼需要擔心，感覺一切都再好不過。

蓋瑞不大明白這些經驗究竟怎麼回事，但他覺得自己變了，尤其在車禍之後。他感到自己和某種東西連在一起，某種比他更大，卻又像他一部分的東西。他有股強烈的衝動，想與他人產生連結。他以前向來比較孤僻，現在卻覺得需要屬於更大的社群。他告訴我：「我與更大的什麼同在。我不再孤絕了。」

蓋瑞漸漸覺得他在過一種不適合自己的生活，於是決定離開軍隊。起初，他難以適應部隊外的生活，但他有股強烈的預感，好像只要跟隨直覺，事情就會水到渠成。他成長於一個宗教色彩濃烈的家庭，小時候是耶和華見證人教徒。這時他雖已不信教，但為了理解自己的覺醒經驗，又再次開始研究宗教。他重讀了福音書和詩篇，並開始參加貴格會（Quaker）[7]的聚會。接著，他將探索擴大到基督教以外的宗教，盡可能參加當地的各種靈性團體和集會，包括佛教、道家思想、瑜伽。最後，這條路帶他來到了我們的碩士班。

我訪問蓋瑞時，他已離開軍隊六個年頭，我感覺他仍處於整合的階段，繼續在探索著他經驗的意義。但明顯可見，他經歷過一場強大的正向蛻變。他對自我和他人有深刻的理解，已不對金錢或財產感興趣，享受只是「慵懶放鬆」和活在當下。如今他遠比以前更欣賞自然，他眼中的自然似乎比從前更真實、更美了。他認為他主要的人生目標就是「幫助人，或與人建立牽絆而已。」他仍然感到自己與更大的什麼相連，那更大的存在指引著他的生命，並透過他的生命表達其本身。他覺得他現在已經「醒了」，來到一重更寬更深、他從未想過存在的現實，彷彿過去是戴著眼罩看世界，現在卻擁有了全景視野。

「退到一旁，看那些感覺來了又走」——大衛的故事

蓋瑞加入那年，我們碩士班裡還有另一位前軍人大衛（David，他離校後我才得知蓋瑞也當過軍人，沒機會介紹他倆認識）。大衛在軍中服務了二十二年，退役五年後，進到了我們學程。他的蛻變非常震撼而戲劇化，因此我們將詳細一點看看這個故事。

大衛從軍的部分原因，是他幾個哥哥都是軍人，他似乎理所當然該選擇同樣的道路。他父母很為哥哥們驕傲，他也希望能使他們驕傲，於是加入了英國皇家空軍。入伍才幾個月，一九九一年一月，第一次波灣戰爭便爆發了。十八歲的大衛被派往伊拉克作戰：

> 那一去打開了我的眼界。我從來沒見過打仗或戰爭或死亡，現在卻需要清運屍體。我在晚上執勤。每當有飛毛腿飛彈來襲，我都會坐在外面停機坪上，抬頭看晴朗的夜空和星星，看飛彈飛過去。那是我第一次冒出自己無法解釋的經驗。其實應該說，一直到來唸碩士之前，我都沒有真的弄明白。我躺在沙上，看著頭上的天，我的呼吸好像自己就開始調節了。我感覺像在飄一樣，飄在高高的空中。我浮了起來，脫離身體。我看見一顆飛毛腿飛彈飛過來，一顆愛國者飛彈飛過去，撞在一起。人們在拍照，我卻好像在那一切中間，飄在天上，不知道我是否將死在這裡。有一種……排山倒海的感覺。我幾乎要哭了。非常美的感受。我的肺彷彿無邊無際，我

在把整個世界吸進肺裡。我簡直不敢相信這有多美好，這種全景視角。我無法用文字表達我的經歷。當然，我不可能去跟朋友說這件事。我覺得孤獨但充滿活力。這件事和我生活中的一切都連不上，我只好把它擱到一旁，繼續過我的日子。

第一次波灣戰爭（Gulf War）發生了許多我一輩子也不想看到的事。像是眼睜睜看人被殺。那是在我們接管的機場，被科威特軍抓住的一些伊拉克士兵。我什麼也不能做。那讓我意識到死亡的真實。今天死的也可能換成我。死的那個人也有父母、也有兄弟姊妹、也有親戚。

還有一次，我得用一臺赫丘力士直升機（Hercules）載十具遺體，因為美國人誤炸了我們的一架坦克。我們有十人喪生，只有一兩人活下來。我必須把那些弟兄裝進屍袋、抬到飛機上，心裡明白他們有些才十七、八歲，跟我一樣年紀。

第一次波灣戰爭改變了我的人生。我在伊拉克待了五個月的時間。那段經歷讓我領悟自己有一天會死，現在這種形態的生命注定是一時的。當然，我也受了創傷。從戰場回來不久，我就開始作噩夢，總是一身冷汗地驚醒。我會看到情境重現，有夜驚症。我整個人充滿怒氣。

之後一九九二年，我被派到北愛爾蘭，大部分時間都駕著直升機在南阿馬郡（South Armagh）山區飛來飛去，覺得活力充沛、興奮不已。我又經歷了幾次震撼的經驗——特殊的生死瞬間。

有一次，我目睹一架美洲獅直升機和一架瞪羚直升機相撞，美洲獅上的人全數罹難。我再度意識到生命的脆弱，也再度失去共事的夥伴。以前過世的同袍是被狙擊手擊中，或遇上埋伏被殺。這件事讓我開始重視我的生命。我開始盡力把生活過得淋漓盡致，以此向死去的朋友致意。他們已經沒機會活了，但我還可以。我變得能享受獨處、把握獨處的機會。我開始認真感受一切，體會每個瞬間——景象、氣味、聲音。我逐漸真正發覺「當下」的美好。我也開始會作呼吸練習，注意自己的吸氣、吐氣、呼吸節奏。我很愛那種輕飄飄的感覺，根本沒想到那是一種冥想方式。

我變得非常放鬆，慢慢有些人看我不順眼。他們看我這樣會很焦慮，我就跟他們說不用擔心。常有人跟我說我太放鬆了，他們搞不懂我怎麼回事。現在也還是會有人這樣說。但我會那麼放鬆，是因為我經過那些事、知道什麼才是真正重要的。這讓我有一種全方位的視野。在我們身處的這一刻裡，又有什麼好怕、好後悔的呢？我們一直都只在這一刻裡呀。

幾年後，我又回到沙漠，這次為的是第二次波灣戰爭。我跟著一支特別行動部隊到了伊拉克。我常會躺在沙上，看著頭上絕美的星星。有一次，為準備大規模進攻巴格達，我們要跟美國海豹部隊和英國海軍陸戰隊的攻擊部隊一起登陸。我第一次看到了聖艾爾摩之火（St. Elmo's

Fire）[8]。平時契努克直升機（Chinook）在沙漠上飛，如果飛得夠低，就會捲起沙塵。沙子的成分基本上跟玻璃相同，所以打中旋翼時，旋翼就會發亮。那時候，我正坐在沙上，直升機在空中盤旋。我看見天空出現了兩道像天使翅膀的巨大亮光，離我非常近，好像觸手可及。那景象真是無與倫比的美。其他人覺得我很怪，坐在那裡呆呆地看。我不再覺得我是個人類，我覺得我和時空是一體的，一切都合而為一。

那架契努克掛好載荷起飛的時候，忽然一切都消失了。全然靜止。感覺是那麼靜、那麼美，我幾乎都捨不得呼吸。呼吸好像會破壞那片寧靜。我聽著那片寧靜，覺得極度不真實，簡直像是我死了。一種排山倒海的感覺。

但第二次波灣戰爭其實慘烈多了。我們要前往伊拉克東南部的法奧半島（Al-Faw Peninsula），也就是油田所在的地區。第一次戰爭時，伊拉克人放火燒了油田，所以這次我們要去保護油田不被燒毀。我和我的小隊負責確保契努克有安全降落的地點，也要確認迫擊砲部隊的裝備都進得來，這樣才能在開戰前設置迫擊砲。

我們要從英軍的航空母艦皇家方舟號改搭平底船，前往一個叫紅海灘（Red Beach）的地點。抵達半島後，我們得拆掉幾條電報線，把一條碎石路改造成降落場，讓契努克載運部隊和設備進來。

完成這項任務後，我在一條壕溝裡待命。我們知道敵軍的位置，向他們送了信，說明我們無意開戰，若他們願意協議停火是最好的，但他們不願意。所以，不幸地，美國人派來了空中砲艇和直升機，開始對前線發動攻擊。從大約凌晨三點起，我就坐在我的壕溝裡，耳裡傳來伊拉克士兵的慘叫。

天一亮，我們便往敵軍的壕溝移動，我發現一個斷了手腳、看起來就快死了的伊拉克士兵。我一點幫他的辦法也沒有，他到處都在失血。我坐下陪他。旁邊的人在說：「你幹麼陪他？他是敵人耶。」我說：「他就要死了。他也是人啊。」「那你給他個痛快嘛，何必拖拖拉拉。」「我辦不到，」我說。「他也是人啊。」

我非常震驚和心碎，但我想陪他走完最後一程。我以一個人類同胞的身分看著他的眼睛，用手扶他的肩，幫他擦掉眼淚。我跟他說：「我在這裡陪你。沒事的，閉上眼睛就好了。」我想著第一次波灣戰爭時想過的那些事：這個人也有父母，也有兄弟姊妹。我的命沒有任何地方比他的珍貴。我永遠記得那一刻的心靈震撼。我到現在還清楚記得他的臉。並不可怕、不會揮之不去，但我選擇把它留在心裡。

> 所有這些經歷，讓我覺得逐漸發掘了真正的我。我覺得我入伍時好像是在扮演一個假的我，某個大家都想要我當的角色。我好像越來越清楚真正的我是什麼模樣了。當軍人感覺並不真是我想做的事。
>
> 那種時刻強烈動搖了我。我的情緒都是負面的。我不想再待在伊拉克了，我和戰爭無法相合，我只想回家。第二天，我的背壞了。我站不起來，痛得要命。美國人跟我說我是椎間盤突出。他們用飛機把我載回皇家方舟號的醫療區，但我的狀況船上無法治療，所以我又被飛機載回伊拉克，進了一間戰地醫院，然後被送回英國。
>
> 我的戰爭就到這裡為止了。後來回想，我覺得那是我的身體表達「夠了」的方式，告訴我不能再待了、我不屬於那裡。以前我的背從來沒有任何問題。

等他恢復到能工作了，大衛開始在倫敦的希斯洛機場（Heathrows）擔任民間事務聯絡官，迎接因傷返鄉的軍人或為傷兵家屬安排飛機。這個職位情感方面的意義——幫助那些遭受創傷的人——令他感覺格外充實。他發覺照顧他人似乎就是他的志業。

大衛又出了最後一趟任務，派赴阿富汗。那趟任務中，他被一隻避日蛛咬傷引發敗血症，造成多個器官受到永久性損傷。他患上第一型糖尿病，甲狀腺喪失功能，左腳神經也永久受損，留下麻木和經常性的抽痛（直至今日他仍有這些健康問題）。

身體充分復原後，大衛決心追逐他的新志業，於是以諮商師為目標展開進修。身分上仍為軍人的同時，他修讀日間部，取得了心理諮商學位，並於二〇一一年正式退伍。他在學校聽人提過艾克哈特・托勒（Eckhart Tolle）的書，趁著某次全家去西班牙度假，帶了本《當下的力量》（*The Power of Now*）去讀。結果那本書對他產生了極大的啟發：

好像警鈴突然響了，感覺豁然開朗。終於，我心想：「總算有人明白我這些年來的感受了！」那次假期我唯一做的事，就是讀讀書裡的段落，然後做它建議的——覺察練習。我試著細細體會自己看到、聽到、聞到什麼，所有的感覺、所有的想法。每樣我都認真感受。那是我有生以來最棒的假期。

那本書改變了我一生。我內在發生了某種轉變。我的怒氣全都消失了。我之前還沒發現我一直帶著這麼多怒氣。我為戰爭的不義生氣，為我朋友的死生氣，為我自己冷眼旁觀人們被殺生氣。怒氣已經變成我的一部分了。

但從西班牙回來時，我突然想到：「咦，等等，我的怒氣呢？」感覺好像我的一部分不見了。我已經和怒氣同化得太嚴重，所以變得像自己的一部分消失了。一開始我甚至有點懷念它。大家都跟我說：「你沒事吧？你看起來跟平常不太一樣。」我感覺變輕了，神清氣爽，但很不習慣。

後來，大衛成為大學講師，接著擔任一個學程的主任。現在他是受聘於英國國民保健署的諮商師及心理治療師。他身體還是有些病痛，包括持續的疼痛，但他說「痛會慢慢變成一種自然常態。我現在都不吃止痛藥了。疼痛不會困擾我。」他原先會作噩夢，害怕入睡，直到他發覺可以積極利用他的夢，作為重溫美好回憶的方式。現在他作夢時很清醒，能夠意識到並控制自己的夢。因此，睡眠成了他期待的樂事。

大衛如此總結軍中歲月帶給他的蛻變：

現在的我平靜極了。我有種信賴和真誠的感覺，非常享受獨處。我知道沒有一件事是理所當然的。我重視生命，也重視其他人。無論我人在哪裡、在做什麼，我都會完整地感受那一刻。以前的我總是沉浸在思緒中，沉浸在怒氣中。但現在我會退到一旁，看那些感覺來了又走。怒氣來了，然後怒氣又過去了。

我感謝所有我經歷過的事。我對過去沒有任何後悔。只要你能從經驗中學到東西，它就是珍貴的。我所有的負面經驗，和所有清晰、覺察、覺醒、活在當下的時刻，全都重新灌溉了我，讓我在情感上更堅強。

我生命的意義，就是在別人需要時陪伴他們，幫助他們成長、看出自己的重要性。我真的非常在乎其他人。這就是我活著的理由。

超越戰爭

關於靈性經驗在現役和退役軍人中的普遍程度，很難掌握明確的數字，迄今還未有學者對這主題進行過系統性的研究（我希望未來一試）。然而，從我所知的軼事證據以及這些證據唾手可得的程度判斷，我會說，若有很高比例的軍人曾因暴露在戰鬥中而經歷到清醒狀態（暫時或永久），我自己是完全不會驚訝的。

有些我遇過的人，對於軍人和軍事相關的一切都會本能地起反感。我們到底為什麼要同情軍人？他們的工作是奪走其他人的性命，他們的專業是運用武器殺戮和征服。而且，他們服務的對象是萬惡的「軍事工業複合體」（military-industrial complex），其權力欲和毀滅欲已經在將人類帶向滅亡。

但我們不該忘了，絕大部分的人類歷史中，人們都不是自己選擇上沙場的。大部分人是受到強制徵召，在政府、國王、地主的逼迫下不得不從軍。甚至有很多自願入伍的人，理由也是沒有別條路走，或出於天真的奉獻、榮譽、愛國等觀念（通常不久後就會被他們自己推翻）。

我覺得比較令人安慰的是，轉念想想，在人類彼此相殘的無數戰爭中，必定也有過千千萬萬人像格斯、斐莉絲、泰德、蓋瑞、大衛一樣窺見了覺醒或發生永久蛻變。古來所有出征作戰而嚐盡剝奪、痛苦、失落的人之中，必然有一部分曾超越苦難，體會過狂喜和自由的瞬間。而活著從戰場歸來的千萬人中，也必然有那麼一些獲得了永久的正向轉變，能以更高功能的清醒狀態度過餘生。

戰爭是人類一般「沉睡」狀態的可怕產物。我在《墮落》中嘗試呈現，戰爭源自一種膨脹的小我（ego）意識，它會造成對他人缺乏同理心、渴望獲取財富及地位、極需要擁有群體身分。戰爭起自於這些因素的組合。同時，戰爭也是掌控多數權力的一小群心理病態菁英導致的結果。這些掌權者強迫廣大群眾推行他們瘋狂的目標，並操弄宣傳、扭曲輿論，塑造對他們有利的風氣。

從這個角度看，沒什麼比戰爭更遠離靈性了。畢竟靈性正是源自於超越膨脹的小我意識。一旦超越小我，形成戰爭的條件也將隨之消散。我們對他人會感到同情和同理，而非敵意。我們會產生一種完整、快樂的感覺，勝過追求權力及財富的衝動，和對群體身分的需求。

只要多數人仍處於沉睡狀態，戰爭就會永遠存在。反過來說，唯有當多數人都經歷某程度的靈性覺醒，人類才能奢望擁有世界和平。

和沉睡如此密不可分的一項活動，有這麼大的潛能可以喚醒我們，某方面看來也十分合情合理。

本章開頭，我們聽了格斯的故事。他於一九八二年赴福克蘭群島作戰，最終成為一名佛教徒。二〇〇七年，格斯和其他兩百五十位退役軍人一起重返福克蘭群島，進行為期一週的朝聖之旅，並於陣亡將士紀念日（Remembrance Day）舉行活動。趁著在島上的期間，格斯離開團體路線去爬了龍東山（Mount Longdon）。那裡是當年戰況最慘烈的地點之一。

龍東山頂上有個天然形成的遮蔽處，夾在花崗岩中。那裡立了一支金屬製的大十字架，周圍放著一些木頭小十字架和戰死於此的年輕士兵相片。格斯從英國帶來一尊小小的黃銅佛陀，是幾年前寺院的僧人們給他的。他將佛像安置在岩石上的一個小凹洞裡，作為內在與外在兩種和平的象徵。他說他希望「在那裡放一個象徵，讓其他退役士兵知道這對我很有用，說不定也能幫上他們。」

1 James, "Moral Equivalent of War," 4.

2 Prabhupada, "Room Conversation."

3 杜克海姆是一個很好的例子，其說明了覺醒經驗和（持續）被覺醒之間的區別。一九三〇年代，杜克海姆隸屬於納粹並擔任納粹駐日本大使，也在當時做了一個奇怪的嘗試：試圖調和禪宗與納粹的意識形態。如果他真的覺醒了，這事壓根就不會發生，因為清醒意味著「超越群體身分、不分青紅皂白地感受到對所有人類的聯繫和同情」。

4 在《飛躍》這本書裡，我用「二次轉變」（secondary shift）和「初級轉變」（primary shift）的概念描述覺醒經驗的轉化效應（transformative effects）與精神覺醒的全面轉化（full-fledged transformation）之間的區別。

5 Maguen *et al.*, "Posttraumatic Growth among Gulf War I Veterans."

6 Pietrzak *et al.*, "Posttraumatic Growth in Veterans."

7 編注：基督教新教的一個派別，創立於英國。

8 譯注：一種由於大氣帶電，在船桅、機翼等尖端出現藍或紫光的現象。

第二章　牢獄中的自由（上）：受監禁而蛻變

任何一種經驗，都或多或少有開啟我們的靈性潛能（spiritual potential）。也就是說，任何經驗都可能引起暫時覺醒，或甚至觸發永久的清醒狀態。但有些經驗的靈性潛能較高、有些較低，例如接觸自然和冥想就屬於潛能較高者，而購物、看電視則屬於潛能較低者。（若你曾在購物或看電視時有過覺醒經驗，請務必告訴我！）

一般而言，痛苦和混亂具有較高的靈性潛能。這解釋了它們為何能造成本書探討的這些超凡覺醒。我們後續將檢視的痛苦類型中，有幾種靈性潛能格外地高，比如面對死亡、失去親友，以及為癮所困。但依我之見，靈性潛能**最高**的痛苦類型，應該是遭受監禁。

事實上，監禁和覺醒之間存在非常豐富的關聯——有過覺醒經驗或永久蛻變的獄中人案例不勝枚舉——只用一章是談不完的，因此我將對此主題的探討分為上下兩章：本章檢視歷史上受監禁者蛻變的案例，聚焦在戰俘和政治犯；第三章則關注當代受監禁者蛻變的例子，主要以我的研究訪談為基礎。

監禁和覺醒會這麼緊密相關，有部分只是因為被囚禁會帶來巨大的痛苦。人類社會自古以牢獄之刑作為懲罰手段，道理就在這裡。失去自由與自主權，且無法和親友聯繫，是人可能陷入最難受的處境之一。但儘管痛苦不堪，監禁的某些層面卻也使該環境特別容易發生靈性覺醒。

自願禁閉

想像一下，你被規定幾乎所有時間都只能待在一間單人房裡，而且能出房門的短短時段，也不能離開一個限定的小範圍。你不得擁有任何物品（除了最基本的幾樣東西）、不得追求任何職業或野心。你完全沒有自主權，必須奉行嚴格的生活紀律和預先制定的規矩。

一個人可能透過出家等方式主動選擇這種生活，也可能被關進牢獄而被迫如此度日。

有些僧侶過的生活，實質上形同自我囚禁。加爾都西會（Carthusian）[1] 的隱修士就住在狹小的個室裡（「個室」用的英文，還是與「牢房」相同的「cell」），多數時間都在房裡沉默獨處，與外界完全隔絕。每天三次共同禱告的時候，他們會從個室出來到教堂中，但即使這段期間也不能彼此交談。他們每週只能開口說話兩次，一次是週日午餐後，一次是週一共同散步時。他們不從事勞力工作，也完全不和外界往來。

當然，僧侶生活與囚徒生活之間還是存在一些巨大差異。相較於被迫活在重重限制下作為懲罰，選擇過一種孤獨、超然的有限生活是一項自由採取的舉動。僧侶們也能隨時重返塵俗，離開修行的作息和戒律。此外，監牢和寺院的環境明顯有著天壤之別——前者充滿噪音、壓力、殘暴、心理不協和；後者則充滿寧靜和精神和諧。

然而，長期受刑人和出家人的生活，在某些方面有重要的相似性。具體而言主要有兩項，也是他們靈性潛能都較高的兩個主因。

首先是兩種生活皆為極度超然、一無依附的狀態。多數人平常賴以獲得身分和安全感的依附（attachments）此時都被去除。無論囚徒或僧侶，都沒有未來野心或希望可言。他們無法藉由工作或職業，又或者透過為人配偶、父母的角色來定義自身。他們也無法取得功名地位或累積成就與物質財富。

在一般生活中，構築我們小我的磚瓦就是這些依附。它們使人感覺擁有「某個身分」——有重要性，可以自信安穩地迎向日常生活。沒有依附時，我們可能感覺怯弱、沒信心，彷彿快被世界壓垮。一旦安妥這些依附，我們便有了一個能用來面對世界的強壯小我。當依附被奪走或瓦解，人通常會極度痛苦。

這種經驗一般會帶來嚴重的失落、挫折、幻滅。事實上，這就是監禁被廣泛用作懲罰的理由之一——監禁會將我們的依附剝除殆盡，連帶造成莫大的痛苦與失落。

與此同時，從僧侶主動拋棄依附便可看出，這種狀態有很高的靈性潛能。事實上，我們將在本書中一再看到，奇蹟般發生於巨大痛苦中的靈性蛻變，很大部分是心理依附瓦解的結果。（我們將在最後幾章詳細說明這點。）

囚徒生活和僧侶生活的另一相似處是：其中都包含大量孤獨和發呆（inactivity）的時間、缺少外在刺激。僧侶自願尋求安靜孤獨，以便能專心耕耘靈性。囚徒則多數對孤獨和無事可做難以適應，而缺少刺激導致無聊、挫折，經常演變成憂鬱和攻擊欲。但對一小部分囚徒而言，少了令人分心的事物也可能對心靈有正向影響。有些人開始以不曾有過的方式反思人生和探索自我，並可能因此發掘出自己靈性的一面。

本章和次章將會呈現，上述兩項因素和一般痛苦處境都會產生的心理混亂，如何引發獄中人的蛻變。

戰俘

讓我們接續上一章，從戰俘的情形開始探討吧。戰事中被俘的軍人，一般會面臨比犯法入獄者更窘迫的逆境。戰俘受到的對待通常更為嚴酷：食物少之又少、拘禁環境不堪、敵軍可能施加任何虐待。此外，他們的命運未卜，很多人真的無法生還。除了囚禁造成的其他痛苦，戰俘還必須面對死亡的可能。

研究發現，曾經被俘的軍人，創傷後成長的比例偏高。一九八〇年、針對越戰期間被俘美軍飛行員的一項調查顯示，許多人認為該經歷對他們的心理有益。經歷越艱苦的人，受益程度越高。[2] 同樣地，針對一九七三年贖罪日戰爭（Yom Kippur War）以色列軍人的一項研究發現，戰俘出現創傷後成長的比例較其他軍人高。[3]

戰俘之中，完整靈性蛻變的人也不罕見。蘇格蘭的比爾．莫瑞（Bill Murray）就是一個例子。第二次世界大戰爆發後不久，莫瑞被派往北非作戰，一九四二年在那裡落入德軍手中。二戰最後三年，他在戰俘營中度過。他戰前熱愛於蘇格蘭高地登山，決定偷偷利用營中的剩餘時間，將他的高地冒險寫成一本書，記在粗糙的廁紙上。藉由在心底重溫他走過的每一步路，並以文字詳加描述，他得以超越戰俘營的匱乏與痛苦。他寫道：「完全是因為情勢所逼，我學會了活在心的世界，而非身的世界。」[4] 遺憾的是，就在書即將完成時，他被遷到另一座戰俘營。他把那幾疊廁紙藏在外套裡，但不幸被發現沒收，再也沒找回來。

新營區有一間圖書室，莫瑞雖為失去手稿難過，但開始將心思集中在閱讀上，特別是心理和哲學書籍。某天早上在營區裡，一個年輕的英國軍官跑來找他，對他說：「我這兩天有看到你。……你似乎準備好踏上神秘之道了。要不要我給你一些指引？」[5] 莫瑞不太確定他說的「神秘之道」是什麼意思，但總之跟他約好了隔天碰頭。

和那位軍官分開後，莫瑞立刻出現了一次震撼的覺醒經驗。他在人生盡頭的一本回憶錄中敘述了這件事：

我走回我住的那區，感覺有點兒目眩神迷。正當我爬上宿舍的樓梯，我意識到有股非凡的喜悅。那感覺瀰漫了我的身心。……我出到了時間之外，踏入了永恆之中。……我記得看著窗外的鐵絲網和守衛塔、營區上的囚犯們，所有一切都變得煥然一新，透出一種彷彿來自他方、籠罩天地的美。那經驗的強烈具有某種新的維度，所以我始終無法將它說出或寫下來，如今人生到了盡頭才決定提筆。[6]

以前歷經辛苦抵達山頂時，莫瑞有過類似的狂喜。他有過完全處在當下，感到「物質世界之外還有更深的真實」的體驗。但這次經驗比那些強烈得多。他如此敘述：「我好像進到了一個程度遠遠更高的永恆『當下』。……這次感覺退去時，我可以確定一件事——永恆的世界一直都在。當然，我們的物質世界擺明也是真的——兩者相生——有限在無限中。其一便包含二。」[7]

第二天早上，年輕軍官介紹莫瑞認識了其他五六個跟隨「神秘之道」的軍人。他們組成一個讀書會，定期聚在一起，討論靈性文本或思想和練習冥想。莫瑞以前沒注意過靈性，但他意識到自己經歷了普羅提諾（Plotinus）、聖十字若望（St. John of the Cross）等神秘主義者描述的經驗。雖然身體忍受著艱苦、生死仍在未定之天，他卻感到振奮歡欣。

覺醒經驗後不久，莫瑞寫了幾封家書，說他「很快樂，各方面都很好。」他家人無法相信這種狀況下他還快樂得起來，懷疑他是不是瘋了，但莫瑞要他們放心：「我的理智仍在，倒是憂慮、不安、沮喪全消失了。」他形容自己有「完整協調的心、內在的靜謐、自我實現，一種從未想過能擁有的圓滿。」[8]

新得到的積極態度，鼓舞了莫瑞開始重寫他的登山書，儘管深知很可能又被發現而付諸流水。戰爭末期，戰俘營的情況越來越糟，莫瑞和其他戰俘幾乎死於飢餓，可是他仍設法將書完成了。他的創造力和靈性學習令他欣喜不已，他寫道：「最後這年，我一次也沒想到自己是個囚犯。」他後來回顧：「那段被俘的歲月，是我一生中最多產的時期。」[9]

非常幸運地，莫瑞和他的書都熬過了戰爭。他回到蘇格蘭的高山，讓自己從苦難中恢復，並認真考慮加入修道院。不過沒多久，他的書《蘇格蘭登山》（*Mountaineering in Scotland*）便被出版社接受，他也擁有了身為作者的新事業。他擱下當修士的想法，決定讓山成為他的修道院、成為滋養他靈性的泉源。

後來，莫瑞成了知名登山家，除了蘇格蘭以外，也活躍於喜馬拉雅山區，寫下許多爬山與旅行的書和幾本小說。

莫瑞的故事，令人聯想到英籍匈牙利作家亞瑟．柯斯勒（Arthur Koestler）筆下的震撼覺醒經驗。一九三〇年代，年輕的柯斯勒住在巴黎，一面從事共產主義政治運動，一面寫新聞。西班牙內戰時期，他以駐地記者的身分旅行到西班牙，遭西班牙民族主義人士逮捕。身為知名共產主義份子的柯斯勒，被控間諜罪並判處死刑。關在單人牢房等待行刑期間，為了消磨時間，柯斯勒用從床墊取出的一根金屬彈簧在牆上塗寫數學公式。他突然想到，公式代表著客觀、永恆的真理，是穿越人間繁瑣、望進無垠的驚鴻一瞥。這啟示令他肅然起敬，引發了一次強烈的覺醒經驗：

> 我仰躺著，漂浮在一條平靜之河上，經過一座座沉默之橋。河從無處來，流向無處去。接著河消失了，我也消失了。「我」已不復存在。……
>
> 頭一回，紗幕揭去，人接觸到「真正的真實」、那隱藏的萬物秩序、那X光下的世界肌理，它平時被一層層不相干的東西掩藏而看不清。
>
> 「我」不復存在，因為它已……溶解於宇宙一同的大池裡。是那溶解和無邊無際擴展的過程，給人「海洋般的感覺」，宛如一切張力之退去、全然的滌淨、沒有理性能捕捉的平靜。[10]

柯斯勒不確定最初這段經驗究竟持續了幾分鐘還是幾小時，但留下來的平靜感，在那之後許多天都未消散。他的感覺偶爾也會回到初始的強度，剛開始時每週至少會有一兩次。

在獄中度過數月後，經過他英國籍妻子的努力斡旋，柯斯勒於一次換俘行動中獲釋了。重獲自由後，他依然偶有覺醒經驗，並感到自己已發生永久的轉變。他在回憶錄《看不見的寫作》（*The Invisible Writing*）中寫道：「一場人格轉變的基礎已經打好。」[11]

政治犯

各個社會之間，構成犯罪的條件各不相同。在極權社會，就像蘇聯異議作家亞烈克桑德・索忍尼辛（Aleksandr Solzhenitsyn）寫的：「僅僅一個念頭都能論罪。」持有任何和政府宣傳不同的意見就是犯罪，而表達這類意見，很可能招致牢獄之災。在某些社會——通常是極權政府統治下——屬於特定族群或宗教，本身即為一項罪行。在另一些社會，高壓或專制的痕跡未必明顯，但當人們作出不尋常的舉止，或對世界的認知不符合社會認定的常態，就可能被貼上「瘋子」的標籤，送進設施關起來。法國哲學家米歇爾・傅柯（Michel Foucault）便說明了，監獄和瘋人院在歷史上，一直是統治菁英用來展現權力，並對威脅自己權力的人加以懲罰及監禁的手段。

即使專制社會，從納粹德國、蘇維埃俄國、到今日的北韓，也一向以此方式來使用拘留營。二戰後的東歐共產主義國家，有數以百萬計的人被他們的政府送進監牢或專設的勞動營，只因他們不願默默接受一輩子活在壓迫和暴政下。

米哈伊洛．米哈伊洛夫（Mihajlo Mihajlov）是過去南斯拉夫因思想獲罪的其中一人。第二次世界大戰後，南斯拉夫成為共產主義國家，由總統鐵托（Tito）執政。出生於一九三四年的米哈伊洛夫，在貝爾格勒大學（Belgrade University）擔任教授，教俄國文學。他有堅定的自由思想，也因此敢於批評政府。他的反對意見發端自靈性思想。他雖然從不上教堂，也不屬於任何傳統基督教派，但深受耶穌的教導影響，認為耶穌的教誨代表一種真正的社會主義，其中有著言論自由和民主。米哈伊洛夫痛心地意識到鐵托政府的作為遠遠搆不著這些理想，並公開發表了他的疑慮。他被控「為敵宣傳」，在獄中待了七年。

出獄之後，米哈伊洛夫獲得靈感，著手寫出了他的重要文章之一，標題是〈古拉格中的自由：從集中營得到的心靈啟發〉（Freedom in the Gulag: Spiritual Lessons of the Concentration Camp）。他談到，失去自由可能帶來強烈的覺醒經驗，文中討論的是關押在古拉格（Gulag，即蘇聯勞改營）中的人們，但想必也有部分是指他自身的經驗：

雖然在這些條件下他們必須忍受最嚴苛的身心折磨，但有時卻會經歷到無比喜樂的瞬間，這是牆外之人完全無法想像的極致喜樂。他們從不曾像獄中那段日子感到如此強烈的愛恨與絕望……感到如此與宇宙一體。[12]

根據米哈伊洛夫的看法，隨著被關押的人們身體狀況越來越差，他們的內在會越來越活躍。如果他們願意放下對肉體的執著，內在便會生出一股強大的靈魂力（soul-force）[13]，不只能使心神安寧，也幫米哈伊洛夫將其描述為某種超自然能力：

當一個人掙脫了束縛他的一切，會發生一件神秘的事：從他靈魂深處，生出一股強大的力，不只賦予他精疲力竭的身體不可思議的頑強，也透過某些我們尚未完全明白的奇異機制，開始影響肉眼的世界。[14]

米哈伊洛夫描述的力量，很接近印度「悉地」（Siddhis）的概念，也就是瑜伽思想中，當靈性發展到較高層次，便會生出的超自然能力。悉地有許多種類，其中一種和身體機能的控制有關。許多目擊和見證者表示，某些修練瑜伽的人能控制自己的體溫，嚴寒中也不怕受凍。某些則是能瀕死復活，或長期不吃不喝而健康不死。

心理學家維克多．法蘭可（Viktor Frankl）被囚禁在慘絕人寰的奧許維茲集中營（Auschwitz）的日子裡，觀察到被關進那裡的人，若擁有目標或生存意義，比較有機會活下來。法蘭可自己的生存意義，是將他被捕時遭到沒收的書稿重寫出來。他會用速記將關鍵字抄在碎紙上，然後背下整個段落（這和前面莫瑞的故事很像，法蘭可的書也在戰後不久獲得出版）。法蘭可認為他能倖存，很大部分歸功於他堅定的意義感。然而，他一再目睹其他人放棄希望或失去理想和目標，致使他們在疾病和死亡面前變得不堪一擊。法蘭可寫道：「可憐那些已不知為何而活的人。他們的日子怕是不長了。」[15]

也許米哈伊洛夫所說的靈魂力——或者悉地——是另一個能解釋為何某些人挺過了古拉格和集中營的因素。在那樣的匱乏和痛苦中經歷到靈性蛻變的人，活下來的機率勢必較高，一部分是由於某種接納和信任的心境，但也有一部分是由於靈魂力帶有的實質保護作用。索忍尼辛——他也是米哈伊洛夫談到的古拉格倖存者之一——曾寫道：在西伯利亞的寒冬中，某種「奇異的內在溫暖」拯救了他免於被凍死的命運。另一位被送進古拉格的俄國異議作家迪米特利・米哈伊洛維奇・帕寧（Dimitrii Mikhailovich Panin）則描述，曾經在他被認定死亡時，有一股神秘的力量將他拉回了人間。經歷這件事的帕寧寫下：「保護你的靈魂吧！如此一來，肉體亦將得救。」[16]

這些能力聽起來確實很類似悉地。而既然悉地是靈性發展至較高層次的產物，或許可以說，擁有此種能力，也是受刑人經歷了靈性蛻變的證據。

伊琳娜・拉圖辛絲卡婭

在蘇維埃俄國，詩人是危險的行業。詩經常被與異議和反叛聯想在一起，而俄國二十世紀的許多偉大詩人都被送進了古拉格。這就是年輕詩人伊琳娜・拉圖辛絲卡婭（Irina Ratushinskaya）在一九八三年的命運。她在分送自己的詩集後遭到逮捕，罪名是「進行反蘇維埃煽動與宣傳」。拉圖辛絲卡婭被判苦役七年，再加上流放西伯利亞五年。

抵達古拉格沒多久，拉圖辛絲卡婭便發起一項她稱為「神聖不服從」（Holy Disobedience）的運動，抗議勞改營中的不人道。結果是，她被挑出來施予特別嚴酷的對待，並移至專為「特別危險之女性政治犯」保留的「小區」。雖然那時距離開放政策和蘇聯解體的日子已不遠，她還是遭到了駭人的殘暴對待。有四年時間，她被毆打、凌虐，只給少之又少的食物，冬季酷寒中無可保暖，長期處於單獨監禁的狀態。

儘管面對如此惡劣的條件，拉圖辛絲卡婭仍繼續暗中寫詩。被拘禁期間，她寫了兩百五十首詩。她刻著肥皂創作，以便能在警衛突然出現時迅速沖掉。她會背下詩句，用極小的字抄在菸紙上，再交給來探望她的丈夫偷偷帶出去。她的詩描繪了她口中「無論何種處境，心靈都能自得其樂的無窮能力。」她在〈相信我〉（Believe Me）一詩中寫道：「一個個冬夜，單人牢房中／忽然浮上心頭的喜悅和暖意／和清澈迴盪的愛之音。」17

隨著身體狀況惡化，拉圖辛絲卡婭感覺到米哈伊洛夫所說的那種強大的心靈力量。她寫道：「就連身體也不屬於你的時候，你終於明白靈魂確確實實是你的東西。」她因為生病和挨餓，數度瀕臨死亡，開始確信有某種形式的來生：「來到死亡邊緣，你可以感覺到還有什麼在另一頭。」[18]她不是一廂情願這麼相信，而是意識到自己的存在中有某種無形、不滅的本質。

拉圖辛絲卡婭的詩除了顯示她驚人的韌性和矛盾的滿足，也展現了她非凡鮮明的感受力。即使在那樣荒蕪殘酷的環境中，她仍有辦法發現美的存在。在〈我會活下去〉（I Will Live and Survive）一詩中，她以其他詩人描述高山或繁花的那種敬畏和狂喜，來寫一扇被霜覆蓋的窗。這首詩也刻畫出感受如此強烈之美的蛻變力量：

被霜覆蓋的一扇窗！沒有窺視孔，沒有牆，
沒有鐵欄杆，亦無忍受許久的痛——
只有一小片玻璃上的藍光，
鑄了花紋——夢裡也找不到更美的圖樣！
越清楚看，越強勁地綻放
那些盜匪的森林、營火、鳥群……

那樣的恩賜只能降臨一次，
而或許一次便足矣。[19]

最了不起的或許是，拉圖辛絲卡婭雖然抗議勞改營的狀況，卻完全不恨審訊她的人。她察覺恨意與苦澀會對自己造成心理傷害，決意不再讓它們惡化。她反倒同理起那些審訊者，想像他們有孩子，或許哪天會和她的孩子一起玩。她可憐他們，因為她或許有出獄的一天，他們卻可能一生都待在這裡。她在獲釋後的一次訪談中說：「千萬不能恨。我到了勞改營才終於明白這點。決定不恨不只是寬恕審訊你的人，也是寬恕你自己。」[20]

拉圖辛絲卡婭的一些詩作在她被囚期間獲得出版，引發國際對她的聲援，最終使得米哈伊爾．戈巴契夫（Mikhail Gorbachev）於一九八六年釋放了她。她曾旅居英國和美國，但最後還是回到俄國生活，直到於二〇一七年與世長辭。

奧羅頻多的案例

最顯著的靈性蛻變政治犯案例，應該要屬奧羅頻多（Sri Aurobindo）[21]了。奧羅頻多的故事深具意義，因為他覺醒後，成了二十世紀最重要的靈性導師及作者之一。

奧羅頻多也是我最喜愛的靈性作者之一，他是少數集結過人才智與透徹清醒於一身的人。他運用敏銳的才智來觀察分析他經歷的更高意識狀態，並思索這些狀態之於人類發展的意義，成果就是他的巨作《神聖的生命》（*The Life Divine*）。該書確立了更高意識狀態（譬如本書中檢視的各種狀態）和未來演化間的關聯。

奧羅頻多的主要洞見是，他認為今日覺得像更高意識狀態的這些體驗裡，我們其實提前窺見了未來人類會演化成的常態。奧羅頻多相信，人類正步入演化上的新階段，一種他稱為「靈知人」（gnostic being）的新人類正在出現，擁有「思與看的新力量，和一種直接靈悟力」。[22]本書所說的超凡覺醒，亦可視為這種新意識的其中一種型態，也就是說，蛻變者是「靈知人」中的一例，我們會在最後一章更詳細討論此點。奧羅頻多還著有許多其他傑作，發展出一套他稱為「整體瑜伽」（integral yoga）的靈修方法，宗旨是使人的生命昇華為「神聖生命」（divine life）。

不過，在成為靈性導師和作者之前，當時還叫奧羅頻多．高士（Aurobindo Ghose）的他是個政治運動者和政治犯。他年輕時受印度民族主義感召，曾在反英殖民運動中扮演要角，有一時期被英國當局稱為「全印度最危險的男人。」三十六歲那年，他因與一起炸彈攻擊事件有牽連，被英國當局以叛國罪逮捕。雖然沒有證據顯示他本人有涉案，奧羅頻多還是鋃鐺入獄，被監禁了大約一年。

此前，奧羅頻多的主要目標一直是改變祖國，而非改變自身。他全副心思都放在政治方面的外在目標上。但被逮捕前不久，他為了政治運動開始練習冥想和瑜伽，希望能藉此增加毅力與能量。他向一位瑜伽修練者求教，並在與那人一起靜坐冥想時經歷了一次覺醒經驗。他短暫經驗到一種純粹無形的意識狀態，其中「徹徹底底只有『那』存在：無特色、無關聯、全然、絕對、不可名狀、不可思議，卻也是極致唯一的真。」那瞬間，他感受到「難以言喻的平靜、巨大的靜默，無限的釋放與自由。」[23]

這件事為奧羅頻多入獄那年的深刻蛻變敲響了前奏。他曾出版《牢獄生活故事集》（*Tales of Prison Life*）記述他在獄中的日子。這本書特別有意思，因為奧羅頻多回憶他的靈性覺醒時，直接將身繫囹圄描述成出家修行。他十分清楚，監獄的孤獨、安靜、超然對他而言就等於一段長期隱居修行，永遠改變了他：「雖然一年來我都稱之為『監禁』，實質上卻像一年的隱居，就像住在靜修所（Ashram）或修道院中。……我的瑜伽靜修所（yogashram）碰巧是英國監獄。……英國政府的憤怒，唯一有意義的影響就是使我找到了神。」[24]

監獄裡的環境極度不堪。奧羅頻多長期被拘禁在狹小的單人牢房（約一・五公尺乘二・七公尺），廁所是兩個外覆柏油的籃子。籃子只在每天早晚清倒，這讓牢房始終瀰漫糞尿的味道。牢房中沒有通風設施，酷熱難當。有些日子只有微少的半溫水可喝，食物也限制在最少量——通常只有米和小扁豆。這裡沒有床，睡覺就是一兩條毯子墊在石地上。不意外地，奧羅頻多往往難以入眠，就算睡著了，也常被哨兵的喊聲吵醒。

奧羅頻多繼續練習他在入獄前學的冥想和瑜伽。他會冥想很長一段時間，儘管他發現自己心思躁動，難以駕馭。他第一次被關進單人牢房時相當不安，因為他並不習慣孤獨和發呆。他很怕無法控制自己的思緒，以發瘋告終。單獨拘禁幾天後，他擔心這件事已經在發生了。他「被源源不絕的思緒轟炸。思緒忽然變得顛三倒四，好像心已控制不住它們了。……我怕極了，怕心智的平衡會崩壞。」[25] 一個轉變就在那時降臨。他覺得走投無路，開始向神祈禱。《牢獄生活故事集》中描述了接著突然發生的事：

> 莫大的平靜籠罩了我的心與腦。降溫的感覺在全身擴散。躁動不已的心變得放鬆、愉悅。我體驗到一種難以言喻的幸福。我彷彿躺在世界母親的懷裡，像個孩子，感到無比安全自在。我從那刻起，牢獄之苦憑空蒸發。……我以一種泰然自若，面對獄中的艱苦，譬如躁動、心神不安……或肉體的病痛，或瑜伽修行之路上的絕望。那智慧能從憂傷中提煉出力量和喜悅，免除了對心智的折磨。於是，艱苦看起來也不過是蓮花上的水珠。[26]

奧羅頻多在喜樂的心境中服完剩下的刑期。過了一陣子，他獲准一天一次，能到監獄和一座牛舍間的狹窄空地散步。他會一邊散步一邊背誦出自奧義書（Upanishads）[27]的梵咒（Mantras），並感到映入眼簾的每樣東西都像奧義書中所謂**梵**（Brahman）——即宇宙精神——的展現：

> 我會到達一個狀態，感知到的現實不再受限於監獄和獄中的尋常物件。高高的圍籬、鐵欄杆、空白的牆面、樹和陽光下閃耀的綠葉——全都活了起來，彷彿被某種萬有意識點醒。它們似乎朝我放射出某種純粹之愛的振動。所有的造物，彷彿都只是大自然精巧的幻化，而一份無遠弗屆、純粹而超然的靈性正從中張望，安詳地狂喜。……那樣的經驗溢滿了我的身心。到處瀰漫無瑕而寬廣的平靜，那狀態真是難以言喻。我那層外部人格的硬殼被剝除，對眾生的愛得以自由湧出。其他善性（sattwic）特質，如慷慨、和善、不傷（ahimsa），現在也開始凌駕我天生的憂性（rajasic）傾向。人格愈是由善性主導，歡欣愈強，平靜亦愈濃了。[28]

經過一年的監禁，奧羅頻多獲得無罪釋放。他的政治夥伴們以為他會繼續為他們的理想抗爭，但奧羅頻多已徹底變了個人。政治議題不再顯得那麼重要，幫助印度掙脫殖民統治似乎不再足夠。現在他想為全人類服務，幫助全天下的人掙脫心理痛苦。最重要的是他想盡一分力，讓人類意識演化的下個階段能被看見。他將餘生都獻給了這個目標。

苦修之道

本章我們檢視的這些案例中，人們被奪走一切，連人類最基本需要的溫飽、安全、尊嚴都無法擁有。我們看見有些人身心受盡摧殘，到了心理破碎、生理瀕死的程度。深陷絕境，被削減到只剩下核心本質的這些囚徒，卻發現了意想不到的美好。他們發現自己的本質裡，有個新的覺醒自我正等待現身，就像一隻鳥從破碎的蛋殼中抬起頭。

前面我們比較過僧侶生活和囚徒生活的相似處，但還有一種追求靈性的方法，也近似戰俘或政治犯受到的極度剝奪，那就是苦修主義（asceticism）的傳統。苦修主義者會以「主動對身體施加痛苦與不適」作為修行手段。在印度瑜伽傳統中，這種做法叫作「苦行」（tapas）。苦行者須刻意在生活中忍受艱辛，包括斷食、站立極長時間、承受極端溫度以及獨身禁慾。

許多早期基督徒也奉行苦修主義，強迫自己於極難受的條件下度日。他們會長期斷食、在寒冬中故意受凍、穿粗糙或帶刺的苦衣。例如五世紀敘利亞的「柱頂修士」聖西緬（Saint Simeon Stylites）。他每週只進食一次，用一條棕櫚繩繞在身上為衣，進入大齋期（Lent）就完全不吃不喝。十四世紀德國的神秘主義修士亨利．蘇索（Henry de Suso）多年都穿著苦衣生活，身上還綁一條鐵鍊，繫著以一百五十支朝內刺的銅釘做的腰帶。阿西西的聖方濟（St. Francis of Assisi）生在富裕的商人之家，但自己選擇拋棄一切，過無家可歸、貧困勞苦的奉獻生活。他居無定所，靠行乞維生，多年來都投入粗重的勞力工作。

毫無疑問，有不少人進行苦修的動機，是一種變態而神經質的自我厭惡，源自不健康的靈肉分離意識，以及因「不潔」的慾念而有控制和懲罰身體的欲望。但苦修者之中，必然也有真切追求靈性成長的人。最健康的苦修主義，就像一條淨化之路。有些苦修者試圖將自己削減到只剩本質，以求體驗到前面奧羅頻多和米哈伊洛夫說的那種赤裸空無的境界。某個意義上，他們是在刻意營造一個類似古拉格或集中營的環境，希望能因此發掘米哈伊洛夫描述的靈魂力，並得到靈性覺醒。[29]

囚禁和苦修之中，基本上都能看到這相同的過程。無論是否出於自願，當巨大的匱乏和痛苦將我們的欲望、依附、身分都剝除殆盡，超凡的覺醒便有可能發生。

---

1 編注：由聖伯路諾（Bruno of Cologne）於一〇八四年創立，男女兼收且封閉的天主教教會。

2 Sledge, Boydstun and Rabe, "Self-Concept Changes."

3 Solomon and Dekel, "Posttraumatic Stress Disorder."

4 Murray, *Evidence of Things Not Seen*, 88.

5 Murray, *Evidence of Things Not Seen*, 97.

6 Murray, *Evidence of Things Not Seen*, 97.

7 Murray, *Evidence of Things Not Seen*, 97.

8 Murray, *Evidence of Things Not Seen*, 96.

9 Murray, *Evidence of Things Not Seen*, 101.

10 Koestler, *Invisible Writing*, 353.

11 Koestler, *Invisible Writing*, 353.

12 Mihajlov, "Freedom in the Gulag."

13 Mihajlov, "Freedom in the Gulag."

14 Mihajlov, "Freedom in the Gulag."

15 Frankl, "Man's Search," 85.

16 Panin, *Notebooks of Sologdin*, 240.

17 完整詩作請見：https://juicyecumenism.com/2017/07/11/irina-ratushinskaya-poet-of-the-valiant-heart。

18 Keay, "Unquenchable Spirit."

19 完整詩作請見：https://dissidentpoetry.wordpress.com/2017/04/05/i-will-live-and-survive。

20 Keay, "Unquenchable Spirit."

21 譯注：或直譯為旭蓮大師，Sri 為表示尊敬的前綴詞。

22 Aurobindo, Future Evolution of Man, 11.

23 Aurobindo, Letters on Yoga.

24 Aurobindo, *Tales of Prison Life*, 1.

25 Aurobindo, *Tales of Prison Life*, 49.

26 Aurobindo, *Tales of Prison Life*, 49.

27 編注：字面上為「近作」之意，有「秘密傳授」的意思，是古印度一類哲學文獻的總稱。

28 Aurobindo, Tales of Prison Life, 51.

29 我大約二十歲時經歷了生命中的苦行時期。當時很衝動地——沒有任何有意識的意圖或對自己想做什麼的理解——我退出了這個世界，幾乎所有時間都待在室內，很少與任何人見面。我通常熬夜到淩晨四五點，下午起床。我只剩下少少的個人資產：一些衣服、幾本書和一些可以寫的筆記本。我讓自己盡可能不舒服：睡在地板上的睡袋裡、冬天時窗戶大開，有時也洗冷水澡或禁食。我也經歷過一段自殘的時期，會用香菸燙傷手腕和手臂、把手指放在蠟燭的火焰上燒灼，偶爾還割傷自己。我有一種非常強烈、想讓生活變得困難的衝動。當然，這種行為——尤其自殘——部分是由沮喪、憂鬱和自我憎恨引起的，但總的來說，我相信我的禁慾生活方式有一種精神衝動。我盡可能讓自己精簡到只剩本質。我試圖讓自己經歷同樣的淨煉或淨化過程，許多神秘主義者和瑜伽修行者有意識地經歷了這個過程，而一些囚犯則不由自主地經歷這一切。

第三章 牢獄中的自由（下）：受監禁而蛻變

牛津大學的海洋生物學家艾利斯特・哈迪（Alister Hardy）畢生都對靈性感興趣，相信應該以科學方法研究靈性經驗。一九六九年，他從學術界退休之際，於牛津大學設立了「宗教經驗研究中心」（Religious Experience Research Unit，現今位於威爾斯大學蘭佩特校區〔University of Wales in Lampeter〕）。哈迪開始透過報章雜誌廣告收集宗教或靈性經驗的親身經歷故事，並加以分析。他刊登的標準問題是：「你曾經感覺過有不同於常的存在或力量（無論你是否稱之為上帝）在你身邊，或影響著你嗎？」

一九八〇年代初期，學者安・韋特羅（Ann Wetherall）與哈迪共事，協助他分類收到的大量素材。（資料庫目前已有超過六千五百筆經驗故事。）韋特羅注意到有為數眾多的故事來自監獄受刑人，決定針對受刑人的靈性經驗進行更深入的研究。在監獄刊物登出廣告後，她收到了踴躍回覆，且不少來信者表示自己是第一次對人透露這些經驗。他們怕說了會被視為瘋子或被送去看精神科，所以從來沒對人提過這些事。

其中一封信，是一位少年感化院（Borstal，英國的一種青少年犯監獄）的受刑人寄來的。他曾在絕食抗議期間有過一次震撼的經驗，由於出身愛爾蘭天主教家庭，他以基督教概念來解讀這段體驗：

我忽然感到最神聖的祝福（benediction）充滿了我的心。它帶有實際的溫度，一種最撫慰人、像來自天上的溫暖，讓我覺得自己的罪（我的罪很多、很重）都被抹去了。……那感覺漸漸於心底發酵的同時，我這一生所有的悲傷哀愁、所有寂寞與自我責怪、所有怨恨都被洗去和治癒。聖靈取代了它們，而且它沒有離去。它停在那裡，在心臟的位置，像無盡溫柔而有生命的光與熱。它表明自己是生、智、愛——全部合一。文字不足以描述那種經驗，只有一個辦法可行：以對其表達感激與讚美、愛與忠誠的方式來貫徹這一生。[1]

他描述的「神聖的祝福」，令我們想起上一章米哈伊洛夫形容的靈魂力。這段經驗發生在敘述者絕食第五十八天，因此他當時應該處於和古拉格囚犯相似的虛弱狀態。如同上面敘述顯示的，該經驗不只暫時出現，也開啟了一次永久轉變。這位受刑人對他的逆境產生了一種新的接納感，後來放棄絕食行動，改採較合作的態度。可惜，記述中沒有多提他出獄後的情況，只說他戒了菸酒，開始一種新的生活。

收到如此大量的靈性經驗故事，韋特羅決定發起一項支持受刑人的計畫，讓他們不必再擔心自己發瘋，也滋養他們的靈性發展。這就是一九八八年創始、為監獄受刑人提供冥想、瑜伽、靈性工作坊和書籍等資源的「監獄靜修所計畫」（Prison-Ashram Project）。它現在成了一個叫「獄中鳳凰信託」（Prison Phoenix Trust）的組織，目前依然持續活躍，在英國八十二所看守設施開設瑜伽和冥想課程，支持著全英約八％的受刑人。獄中鳳凰的核心理念為：入獄是個靈性成長的**機會**，亦即在獄中發生靈性成長的機率比一般日常環境高。

不少受刑人會寫信或寄電子郵件給獄中鳳凰，描述瑜伽或冥想課對他們的正面影響，這些信件很多會刊在該組織的每季電子報上。有些人表示睡得比以前好，心情比以前平靜或快樂，不再抽菸，減少（甚至不再）服用治療藥物。有些人則寫到練習冥想或瑜伽後的舉止或心態變化：變得較不自我中心、包容力和耐心增加、不再那麼容易情緒激動等。

有位因竊盜入獄的人說他曾被自己的反應嚇一跳。他看到前面的人掉了一支錶，結果他沒把手錶收進口袋，反而聽見自己叫住那個人說：「嘿，你的錶掉了。」他覺得此事象徵一個重大轉變，並且確信是冥想帶來的效果。另一位受刑人也描寫了類似的訝異：他花了三天時間，把誤入他牢房的一隻蛾從窗戶放出去。換作以前，他想都不想就會把蛾給殺了。

還有一些受刑人描述了根本的內在改變，顯示他們發生了某種程度的靈性覺醒。他們意識到有一個更本質的自我，存在於他們的環境制約或行為慣性之外。其中一位受刑人談起「找到真正的我，放下或褪去這些年我收集的那些垃圾。」另一人形容「終於感覺和內在自我有了連結。什麼都無所謂了，我現在無憂無慮，被正能量燃燒，對自己很滿意。」另一位來信者說：「還有個更深的我，不是那個小我，而是個親切、有同情心、關懷別人的我。」

獄中鳳凰的電子報上，有時也能看到令人震撼的覺醒經驗故事。有位受刑人描述，他曾坐在室外冥想，聽到一陣拍翅聲而張開眼睛。他看見眼前有隻烏鴉，同時感到自己就在那隻鳥中，他自己**就是**那隻烏鴉。另一人描述，練習冥想幾週後，他看見一朵鮮明生動的不得了、就像在召喚他注意的花。他又看向一棵樹，樹似乎也同樣召喚著他。他看見的每樣東西都不可思議地真、不可思議地美。

這些體驗在某些受刑人身上是持續性的。一位受刑人描述他冥想時經常出現與萬物相融的體驗，他會感覺「只有一池靜止的意識，無一絲漣漪。」另一人提到他能切換至空無狀態：「有時我會感到向四方無限擴展，穿越牆壁，到很遠很遠的地方。……感覺就像所有一切，外頭的樹呀、牆呀，整座監獄和我的身體都浮在空無中。」[2]

安靜、發呆、孤獨的力量

這些受刑人的敘述不只替冥想和瑜伽的力量作了很好的宣傳，也證實了監禁的靈性潛能極高。我們可以看出——韋特羅也發現了這一點——監禁具有某些特點，使人容易得到靈性發展或覺醒經驗。我在上一章開頭曾提到，監禁的靈性潛能較高有兩個主要理由：一是心理依附的消融，二是大量的孤獨和發呆。我認為上面這些敘述尤其證明了發呆和孤獨的靈性潛能，這種情境使受刑人第一次接觸到未受制約的自我本質。

一般人在生活中，很少會花時間和自己相處。我們幾乎總是被活動和娛樂團團圍住。沒有工作要執行時，就會把注意力轉到手機、電玩、訊息，或電視上。我在《揮別瘋狂》（*Back to Sanity*）一書裡這樣形容：今天的人們活在一種「在別處」（elsewhereness）的狀態，心思都放在別處，極少回歸當下或自己的內在。我們花太多時間**做**，以至於幾乎沒時間**在**。

如此一來的結果是，許多人都遠離了真我。我們的生活變得虛偽，為了別人扮演著某些角色、遵循著某些傳統，反而和自己最深的衝動失去連結。我們的生活變得膚淺，耽溺於狹小的小我中，不去探索自己更豐富深邃的一面。同時，與真我疏離造成一種不協和的感覺，一種揮之不去的不安，好像少了至關重要的東西，卻說不出是什麼。

因此，接觸不到日常社會和其中令人分心的種種、不得不將注意力轉回自身，有時會是極震撼的體驗。多數人在這段時間只會暴露在思緒表層的心理不協和中，備感痛苦。但也有些人——就像前面引述的這些受刑人——會因此進到不協和的表層下，經歷一場與真實自我的深刻相遇。

安靜和發呆有時能透過這種方式帶來強大的療效。它們可以化解壓力，取而代之的是內在和諧的感覺。由於潛到不協和表層之下，我們得以與一股豐沛的靈性能量連接上，而它具有某種天然的、和樂順遂的性質。

這就是人們閉關修行的理由之一，也是人們熱愛單獨冒險，像是登山（如上一章的莫瑞）、駕帆船的原因。當我們在假期中允許自己不趕時間、不想煩惱，什麼也不做地放鬆一陣子，有時也能體驗到類似的內在和諧。在這短短的期間，我們從「做」的模式切換到了「在」的模式。

我第一次寫到安靜和孤獨的治癒力，是在《揮別瘋狂》一書。我於該書講述了澳洲人保羅．那拉達．亞歷斯特（Paul Narada Alister）的故事。亞歷斯特在一起恐怖攻擊案件中被誤判有罪，服了七年徒刑才獲赦出獄。入獄之初，他很不適應缺乏刺激的日子，但習慣後，他開始喜歡起孤獨和發呆。他把大部分時間都用來冥想和沉思，並開始覺得一種新活力灌溉了他。他整個人「打從心底感到自由和積極」，這份感覺使冤獄不僅可以忍受，甚至還有益處：

監獄允許的內在寂靜，給了我一段難忘的經驗，至今仍影響我。我不再避免孤獨或隔絕。真要說的話，反而是期待，因為這樣我就能感受到那種內在寂靜的極致喜悅。冥想也好、享受獨處也好，我發現只要把它當成與靈性的我互通的管道，寂靜就是最珍貴的寶物。[3]

南非前總統尼爾森．曼德拉（Nelson Mandela）——或許是歷史上最知名的政治犯——也曾在獄中體驗到孤獨和安靜的療癒力。曼德拉被拘禁的二十七年間，或許並沒有經歷過完整靈性覺醒，畢竟他在自傳裡也沒有提到這類事件（當然也可能只是選擇不公開）。但似乎可以肯定，那段時間曼德拉心理上確實有重大的發展，使他的人格發生了根本的變化。他變得更內省、更冷靜、更有同情心。他從獄中寄出的信常說起孤獨和發呆如何對他有益。他寫道：「若要學習認識自己、現實而規律地探究自己心思與情感的運作，牢房是個理想的地方。」[4]

「就像撥開開關一樣」——亞德里安的故事

還有另一個親身經歷的故事，肯定了安靜和自我探索的靈性潛能，是一位叫亞德里安．特洛伊（Adrian Troy）的英國人和我分享的。

一九六三年出生的亞德里安，人生充滿刺激的冒險，他曾是海軍陸戰隊員、採珍珠者、水手、船長，大部分歲月在澳洲和亞洲度過。二〇一〇年他接了一份短期工作，聘雇他的是一家保全公司，在紅海沿非洲的區域活動，保衛船隻抵禦海盜攻擊。上工第四天，他和另外三名船員遭到厄利垂亞海軍逮捕。厄利垂亞政府先前破獲了一批該公司非法私藏的軍火。海軍砲擊他們的船，身為船長的亞德里安走出來投降，被裝滿子彈的步槍指著，以為自己會被槍殺。

亞德里安和同船人員被監禁了六個月，關在同一間房間，每天有二十三個小時與外界徹底隔絕。房間非常之小，沒有走動或運動的空間。由於保全公司的非法活動，他們被控侵略罪及間諜罪，完全不知道會被關押多久。他們無法取得法律協助，也未經任何法定程序審判。亞德里安告訴我：「我們處境絕望，精神非常焦慮。很不幸地，我的兩個牢友受到嚴重的精神折磨，差點就崩潰了。他們知道公司有非法活動，不像我不知情，但他們無法接受自己要為此負責。」

逮捕他們的機構准許他們保留幾樣私人物品。亞德里安有一尊小佛陀，是他在亞洲某處旅行的紀念品。牢中漫長的時間，那尊小佛成了他的重心。他告訴我：「它激發我很多。我從沒問過或求過什麼，就只是跟佛像說話，把它想成可以讓人冷靜、接受的力量。」

雖不曾練習冥想或任何靈修方法，亞德里安還是發展出一套自發的冥想方式。他會不發一語地專注於小佛上，持續很長一段時間。他也開始反思自己的人生，試著放下過去，放下一切失敗和失望的感覺。他的牢友們處在混亂的狀態，他則是接受了逆境及自己對此的責任：「我冥想的主題是接受和釋放一切。我默默對自己說：『我在這裡，因為有人得承擔。』」

接下來幾週，隨著繼續冥想，亞德里安開始感到比較平靜了，然後一場轉變突然降臨：

就像撥開開關一樣，一瞬間的事情。那是二〇一一年，三月二十一日。沒有預警或刻意計畫，我的身心忽然就進入了極樂的放鬆狀態，我會說是一種歡欣的寂靜。心中的聒噪都停止了，我好像飄在身體之外。那感覺不像在這個世界，好像走進了另一個維度。一種全然的釋放和接受，對於所有任何可能發生的事。一種對於罪責、不安、怒氣、小我的釋放。

我不知道自己怎麼了。我過去沒接觸過宗教或心靈。我對冥想、瑜伽、心靈修練一概不知。但有整整三天我處在一種狀態，可能最貼切的描述是「受到恩賜」，而且狂喜不已。三天之後感覺就緩下來了，但還是留在我心中。

七週後，亞德里安和他的船員獲得釋放，返回英國。如今覺察變得更遼闊鮮明，他覺得自己像換了雙眼睛在看世界：

我有種很超現實的感覺，彷彿我人在飄、其他東西都用慢動作在動，好像我超前全世界五秒鐘。真實世界感覺很不真實。有些時候我會迷惑不解，有點怕，又有些時候，我會有種說不出的暢快。我那時住在倫敦一家旅館，整座城市都變得有魔力一樣。我可以實際摸到建築物的歷史。搭地鐵的時候，我看向其他乘客，就能看到和感覺到他們的能量。我幾乎能從他們的眼睛和表情讀出他們在想什麼。所有東西都好像散發著自己的能量和頻率。建築物、磚頭、一杯啤酒、貝殼、公園的長凳，諸如此類。

在自然中散步簡直太美妙了。花呀、樹呀、葉子呀，都有催眠般的魅力，看起來好美，好超現實，讓我心裡充滿溫暖的愛。我會凝望波浪般的綠山丘、樹林、多石的自然地景，感覺到接近狂喜的情緒。

過去未接觸過靈性的亞德里安，無法確定自己是怎麼了。他幾度懷疑自己精神不正常，甚至猜測他可能在非洲染上了狂犬病。他查了創傷後壓力症候群、思覺失調症（Schizophrenia）和其他精神症狀的資料，想找出自己得的病，但發現症狀都不符合。旁人也認為他瘋了，開始和他漸行漸遠。他告訴我：「很多人走出了我的生命。我已經不是從前的我了。有些人覺得我腦袋裡的螺絲掉了，實際上是找到了才對！我最好的幾個老朋友懂，但其他人叫我去看心理醫師。」

雖然遇到不少困難，但他內心深處知道自己在走過一段重大且正向的過程。最後，亞德里安開始能解釋他的蛻變了。出獄六個月後，他無意間發現一本靈性書籍——彼得．馬丁內茲（Peter L. Martinez）的《邁入光明》（*A Step into the Light*）。這本書為他的蛻變提供了脈絡，也讓他總算能確定自己沒瘋。

在那之後，亞德里安開始逐漸適應他新擁有的鮮明覺察，那狀態不再令他感覺那麼排山倒海、無法招架。那場轉變九年後，他在訪談中告訴我：

> 它現在已經穩定下來，融進我的生命，也改變了我的生命。我現在感到一種絕對的愛和保護！我成為更溫柔的人，比以前有同理心多了。我可以很強烈地偵測到他人的情緒，自己也會被感染。遇到有人帶著比較黑暗的能量，我就只好閃遠一點。我和動物有一種新的連結。我有時候覺得自己好像變成會吸引貓狗的磁鐵了。牠們就是感覺得出不一樣。
>
> 我也更意識到月亮的圓缺和行星的運行。我非常喜歡看黃昏或清晨時掛在天上的金星。我的飲食習慣也改了，現在吃素。我變得比較瘦，是健康的瘦，外表也開始看起來很健康，眼睛很清澈，而且有股別人看得出的活力。
>
> 這段過程中，我開始對一切宗教起了興趣。我發現所有的覺悟者——耶穌、瑣羅亞斯德（Zoroaster）、穆罕默德、佛陀、老子、魯米（Rumi）——都在傳達同一個訊息：支流很多，但

都來自同個美麗的源頭。蛻變幾年後，我讀了艾克哈特．托勒的《當下的力量》，看完他覺醒的故事，忍不住點頭叫道：「沒錯！沒錯！」。托勒寫的東西證實了我原本就有的感覺。

回英國後，有些人無法理解為什麼我遇上這些事都不會心理不平衡、都不會生氣或怨恨。但那段遭遇是天大的禮物，它給我的如此之多，是我一輩子都想不到的。

「把一切一切都放開」——阿南塔的故事

接下來我們要讀到的故事甚至是個更震撼的例子，說明了監獄的隔絕和匱乏所能造成的覺醒效果，以及失去身分如何能引發新靈性自我的誕生。

阿南塔．克蘭緹（Ananta Kranti）的故事不同於亞德里安，也不同於本書大部分的蛻變者，因為她在蛻變前就對靈性有過認識和體驗。她入獄之前，已開始熱衷於靈性追尋。獄中的蛻變經驗，讓她從「追尋者」變成了「尋獲者」的角色。

如同許多靈性覺醒的人，阿南塔童年坎坷，在一個失能與失和的家庭長大。十九歲那年，她到西班牙旅遊，決定從此不再回國。她身無分文，也無人可以投靠，但她擁有信任的心和自由精神，還有在城市討生活的精明。她過著不知道下一餐在哪裡的生活，於夜總會工作或幫人按摩（但不涉及性服務），夜裡有時睡在街頭。幾個月後，她和一個富有的沙烏地阿拉伯人相戀，他成了阿南塔後來十年間的伴侶。不幸的是，他帶她接觸了硬性藥物（hard drug）。她以前用過LSD[5]、抽過大麻，但這時她開始使用古柯鹼，然後是海洛因：

> 跟那個阿拉伯人在一起幾年我就上癮了，跟他一起吸海洛因使我掉進深淵。錢多得花不完，但我覺得好沮喪。我漸漸看穿了物質世界的假象。我的伴侶是百萬富翁，可是他非常不快樂。這讓我不再嚮往物質的快樂，點燃了我對真正自由的渴望；物質的追尋結束，靈性的追尋浮上心頭。

阿南塔已有一小筆積蓄，她決定旅行去泰國療傷並戒掉海洛因。到了泰國，她重新感到幾年前離開英國的那種解放感，於是又鐵了心不再回西班牙。她聽說日本有商務夜總會在徵求年輕歐洲女子當服務生，尤其想找像她一樣金髮碧眼的，於是離開泰國飛往日本。那份工作待遇非常好，她只需工作三個月，收入就足夠生活一年。她在日本待了幾年，過著享樂主義的日子，但心裡越來越清楚，這種生活無法帶來幸福。

> 事情已經很明顯了，不管我多自由，內心還是有某件事在等我回答。所有狂歡作樂、談情說

愛、當時我們常吃的快樂丸（Ecstasy）都只會通向沮喪而已。還是少了什麼，某件必須回答的事。於是我開始踏上尋找之旅，找那件更深的事。有人給了我一本奧修（Osho）的書。我一讀那本書，感覺就像爆炸一樣。我馬上看出了他在談的就是對那召喚的回答。

阿南塔覺得有什麼召喚著她，要她離開享樂主義和藥物，以靈性的方式而活。她從日本前往印度的奧修社群，決心要清空自己身上的制約，迎向內在寂靜。經過數個月的靈修，她正式接受**桑雅**（Sannyas，靈性誓願），發誓她將捨棄一切過往，從此展開靈性的新生（也就是在此時，她擁有了阿南塔這個新名字）。

這時的阿南塔已經準備好捨棄一切，全心投入靈性的新生活。然而，她身上的錢已所剩不多，於是決定先回日本一趟，最後從事一次夜總會服務生的工作。返回日本不久，有個倫敦的朋友聯絡她，表示自己有大量高品質的 LSD。阿南塔碰巧聽說過有個人想買 LSD，將此事告訴了朋友。結果那位朋友沒知會她，便帶著 LSD 飛到了日本，直接跑來她家找她。後來交易並沒有談成，阿南塔的朋友暫住在她家，但因事得離開東京一趟。她問阿南塔能否將 LSD 留在家裡，而阿南塔同意了。

五天後，警察突襲阿南塔的公寓，找到 LSD。阿南塔被羈押，接下來三年進入監獄服刑，面對比歐洲監獄還嚴苛許多的環境。受刑人不准交談，且必須長時間於工作環境惡劣的工廠勞動，彷彿奴隸一般。獄卒鄙視他們且殘忍相待。阿南塔也是她那棟監獄唯一的西方面孔，這使她常成為被針對的對象，更加深了她的孤立感。

然而，牢中的艱苦和創傷，最後帶來了一場戲劇化的覺醒：

> 在那座監獄的無聲中，藏著大量的暴力和攻擊欲。那是根深柢固的。其他囚犯很多是殺人入獄，有些已關了十五年或更久，我感覺得到他們的怒火與恨意。
>
> 工廠的工作重得可怕。不管前一天做什麼，反正隔天一定要做得更好。我們每天要點名八次，像在軍中一樣。偶爾能有機會說悄悄話，但說話是不允許的。我們沒有任何運動時間，最後才改成每天能在牢房運動三十分鐘。
>
> 這種生活過了幾個月，我已經千瘡百孔了。我的體力到了極限，身心都痛苦不堪。我牢房裡僅有的東西，是受審期間一個朋友給我的幾本奧修著作。我每天從工廠回來就會讀兩三頁，書裡的智慧會傳進我心底，立刻直接地傳來。
>
> 有一天，我從工廠回到牢房，但怎麼樣都沒辦法開始讀書，身體太痛了。我往後躺，讓自己掉進痛苦裡。我練習過一些身體技巧，知道怎麼做。我學過用呼吸把痛苦吸進來，越吸越深。但

痛太劇烈了，想放鬆也會痛。我往後躺，不斷讓自己掉進痛苦，再掉、再掉。痛簡直要把我碾碎了，但我必須向它投降。我就只剩這件事可以做。

然後我掉進一個空間，血肉之軀不在了。我不知道那空間是什麼，但它不斷擴張、又擴張，變成越來越多的光、美、感激、自由。……我繼續讓自己再掉、再掉，把一切一切都放開。只剩下一個東西存在，就是這美好的愛與喜樂。

我開始每晚都會到那裡去。我會躺下，讓自己掉進這份自由裡。在那之前，我的心原本瘋狂地轉，無時無刻不在思考、看日曆、算著還要多久才能出獄，因為我們沒被告知確切日期。我晚上總是躺在牢房裡，徹夜不眠地盯著月曆看。然而現在我轉換到了接受的心態，感激帶我升到一個不同的空間，似乎什麼問題都沒了。我開始看見每件事好笑的一面。我可以於內在微笑。我有種「他們拿得走一切，但拿不走這個」的感覺。他們拿不走我內在的寂靜喜樂。

我繼續放掉更多更多，過去的我就這樣死了。我身上的角色紛紛剝落，而那空間一天比一天更茁壯。雖然監獄的條件和困難都沒有變，我卻時時充滿喜樂。吃東西的時候，我會一直上升、上升，直到覺得變成了食物本身。我感到我和食物生長、烹調的整個過程都是相連的。我升到貪婪之上，來到一個感激和喜樂所在的地方，甚至根本不需要吃東西了。

每天早上列隊走去工廠，我會看見地平線上的太陽，聽見鳥叫，那真是太美了。每件最不起眼的小東西，我都看得出價值。我唯一能做的事，就是與此時此刻的奇蹟同在。我只活在此時此刻，而且接受我身在的地方。一旦你意識到這點，就會擁有誰也拿不走的自由，一切都變得那麼美、那麼可貴。

我開始覺得那些殘暴的獄卒就像囚犯一樣。我為他們難過，因為某天我會出去，他們卻要一直待在這裡。不管他們對我多惡劣，我對他們的感覺只有純粹的同情。

沒有任何預告，阿南塔刑期一滿，便直接被釋放了。就像我們在亞德里安的例子裡看到的，覺醒經驗有可能很難適應，尤其是猛烈的覺醒。蛻變者有時得花上數年來整合它們，才能再次於日常生活中正常運作。阿南塔學過靈性相關的知識，否則這說不定會更難。儘管如此，她還是經歷了一段極不容易的調適與整合期：

我和世界格格不入，別人也對我沒有認同感。我連和他們聊天聊久一點都辦不到。他們開口時，我只覺得不想聊這麼膚淺的話題，那聽起來像雜音，我一點興趣也沒有。我吃東西還是有自己的習慣，別人會用我有問題的眼光看我。家人很希望我去尋求專業協助。

我的角色已經都不在了。但是被遣返英國的時候，我又必須再次扮演它們，讓我覺得：「慘了，那就不是我啊！」我看著自己的小我慢慢重建起來。有段時期真的很混亂，大概持續了三年吧。我真的不知道我要怎麼扮演這些角色、怎麼在世界上站起來。

那是一九九七年，歐洲還不流行非二元（nonduality）或薩桑共修（satsang）。我沒辦法跟任何人解釋我經歷了什麼。我不知道那是覺醒。我想像中的開悟不是那樣。我也不覺得我可能開悟，因為我還是有感覺、情緒。我以為開悟的人都會心如止水。

但到了二〇〇〇年，我去見了一位老師。老師告訴我，我經歷的就是覺醒的體認和轉變沒錯。確定這件事對我來說非常關鍵。我開始又能融入世界、在世界上站穩了。我發覺我有能力帶領其他人直接體驗到覺醒，但也發覺僅僅覺醒是不夠的。你要怎麼活在身心一體（body-mind）之中？要怎麼和其他人建立關係？後來我的教學重點之一就是整合的課題，也就是我自己走過的這段歷程。

在那之後，阿南塔成了一位靈性引導者，協助個人和團體學生。她教學的根基，就是她在日本監獄中的發現：為了甦醒，我們首先得放掉一切。我們必須沉入自己的真實本質，到超越任何角色和依附之處。然後，我們還需要將這份領悟整合進日常生活。阿南塔自述目標是：「用簡單直接的方式讓人們領略我們的真實天性。我們會經過那些無所不在、參與一切的東西，繞一圈，回到生命本身不平凡的平凡。

你將永遠改變，而且不能回頭！從此，你就像下凡的人一樣體驗著這世界。」

「我選擇喜悅和感激」——艾德的故事

艾德・里托（Edward Little）的故事，大概是我至今遇過最感人的獄中蛻變案例了。他是位五十六歲的美國人，少年時代起便在阿肯色州（Arkansas）的監獄服刑。讓我知道艾德這個人的，是位叫里奧・皮爾斯（Lionel Pires）的先生。二〇一七年，里奧讀了我的《飛躍》後，寫了封電子郵件給我。信上說，他認識一位十五歲就被判無期徒刑、不得假釋的受刑人，至今友誼已三十多年了。里奧說：「我立刻明白，他就是在獄中『覺醒』了。他的意識真的具有獨一無二的視角。」

里奧現已半退休。一九八〇年代晚期，他是羅德島州普羅維登斯（Providence）一家精神科醫院的就診事務專員。當時他的友人、精神科名醫及布朗大學（Brown University）副校長弗萊德・波恩（Fred Bohen）正擔任著艾德的導師，向里奧建議可以寫信給艾德。於是里奧和艾德開始書信往來，逐漸發展出深厚的友誼。

里奧追尋靈性，那時候他已經練習超覺靜坐（Transcendental Meditation）幾年了（今天仍持續著）。

他認識到，艾德經歷了某種形式的靈性蛻變：

> 和艾德互動的人都會注意到他有某種深刻的不同，好像會令你的靈魂為之一振。他在獄中算是個傳奇人物，無論在受刑人或獄卒眼中。我覺得他那份意識帶著一個少年熬過了可怕的處境和磨難，在最黑暗的地方創造了一道光。這三十三年來，有幸認識艾德，讓我的生命更美好了。

艾德在一個可怕的環境下長大。他母親是個暴力、情緒不穩的女子，主要以酒吧駐唱謀生。艾德還在學步時，母親當著他的面射殺了自己的丈夫（這人並非艾德父親）。而後，母親為此入獄服刑四年，那段時間艾德和他哥哥住在寄養家庭。母親出獄後重獲艾德的監護權。接下來幾年，她換過多任男友和丈夫，艾德兄弟則在那些人之間被推來推去。艾德受到一個可能是他父親的人的肢體虐待。

艾德小時候覺得唯一能信任的，只有他的哥哥。他哥哥有藥癮，並且是個犯罪者，他還帶著艾德走上犯罪的道路。二〇一八年艾德的第一次假釋聽證會上，他的律師麥可．凱瑟（Michael Kaiser）形容他是個「被搞得一團糟的孩子，得不到渴望的權威和安穩，反而被虐待、被帶向藥物和暴力，最後爆發成衝動而不幸的事件。」

艾德十五歲時，和一個十六歲的同夥在阿肯色州的小岩城（Little Rock）搶劫一家商店。艾德揮著一把槍，射傷了店員。之後不久，他們開的贓車被一個警察攔下。警察背對他們走回警車時，艾德和同夥決定嘗試逃亡，過程中艾德射中警察，造成警察不幸喪生。一九八〇年十一月，法院判定艾德有罪，罪名包括極刑謀殺、加重搶劫，以及一級毆擊。陪審團同情他充斥著虐待、忽視、藥癮陰霾的童年，因此他逃過了被電椅處決的命運，判處不得假釋的無期徒刑。

換作在英國或其他歐洲國家，艾德可能早已於多年前出獄，儘管他犯的罪非常深重。歐洲司法制度普遍認為，兒童和青少年犯罪——包括最兇殘的大罪——通常是環境制約的結果。大部分案例中，這指的是孩童成長於虐待及暴力的環境，以至於在社會化過程中將暴力及犯罪視為正常、可接受的行為。換言之，絕大多數的案例中，兒童或青少年犯罪並不是因為天性邪惡（亦即本身是心理病態者或加害者），而是由於受到邪惡的環境塑造。

艾德的背景和罪行，顯然也符合這種情形。審判前評估他的一位心理師認為，艾德的罪行「與其說是難以根治的不良性格，不如說是一時不成熟加上同儕關係所造成。同儕比他年紀大、反社會，也可能對他的行為和決定參與犯罪有重要的影響。他的犯罪行為有不少未成年犯案的典型特徵：衝動、出於追求刺激和追求犒賞的動機、未思考後果、和同儕共同作案。」

很多歐洲司法制度也承認，兒童或青少年有改過自新的可能。他們有能力擺脫制約，學習理解他們行為的嚴重性，學習同理受到他們傷害的人。許多這樣的受刑人在嚴格監控的條件下被釋放出獄，有時會被給予新的身分。然而阿肯色州並無這類作法。

開始服刑那年，艾德十六歲。那時他個頭很小，身高約一百五十公分，體重不到五十公斤（今日他也只有六十公斤左右）。他的外表纖細陰柔，並因此淪為欺負和性侵害的對象。年紀較大的受刑人經常挑他下手，進行性騷擾或強暴。他的律師在聽證會上說明：「所有你想像獄中遇得到的慘事，艾德都遇到了，而且是接二連三。簡而言之，他的苦日子比多數人還要苦多了，因為他是個只有一百五十公分、無力反抗的孩子。」

在獄中的第一個十年，艾德多次做出違紀行為。大多是為了逃離人群和強暴威脅而故意犯下的。最後，他終於學會如何保護自己，開始在遇襲時反擊回去，漸漸不再被其他受刑人欺負了。過了那十年，他的紀律表現即如他律師所說：「乾淨得出奇，而且完全沒有重大違紀。」

透過里奧，我和艾德取得了聯繫，並在過去一年間與他通信。本書到這裡，我們已可清楚看出，混亂中蛻變有突然發生的，也有漸進發生的。靈性覺醒就像一扇門，有時因爆炸而大開，有時則緩緩開啟、幾乎感覺不出在移動。

以艾德的情形來說，蛻變似乎是突然和漸進**兩者兼有**。就像亞德里安一樣，艾德最初的蛻變經驗，也是經由「發現冥想」而催化的。最初的蛻變將他帶到一種存在的更高層次，而那成為他靈性進一步發展的平臺：

我脫胎換骨了，再也不是進監獄時那迷惘憂鬱的少年。我簡直無法跟你說明過去的我。迷失到那種地步，內心是冰凍的、沒有任何感情，也不准自己去想或感覺任何事。我那時已經不正常到無法理解我犯的罪有多嚴重，連一丁點都無法理解。

入獄八年之後我開始冥想，想讓自己的心平靜一點。我的冥想很簡單：我會一邊想「好的進來，壞的出去」，一邊呼吸，每天早上和下午做。那段時期我受到很多創傷，因為監獄裡的暴力，其他受刑人的，還有獄卒的。

有天冥想時我突然哭了，我已經不知道多久沒哭過了。那就像心裡有盞燈亮了起來，讓我終於理解我幹了什麼事。我靜靜地哭了很久，努力不讓別人聽到。我覺得好傷心好傷心，為我造成的痛苦傷心、為我的家人傷心，也為我自己傷心。那一天永遠改變了我。我開始尋找理解，於是新的資訊、新的人們開始湧入我的人生。我沒有足以明白的基礎，所以雖然真相擺在眼前，我卻拒絕接受，開始繞一條遠路找答案。

主要轉折之一，是我懂了一件事：生命的重點是你和別人的關係。沒有這件事，生命就沒有意義。我最重要的改變，是有了感同身受的能力。我現在可以感受別人的快樂、自己也高興，或者為別人的痛苦而哭。我有時候還覺得我太情緒化了。

我知道我們給宇宙的一切，都會回歸到我們身上。我們生來就是要創造的，每個想法、每個動作都有創造性。我花了好長時間才終於張開雙手，接納我知道是現實的東西！我們很容易就陷進身旁的人生和故事裡。真相其實都擺在那裡，想看的人就看得到。生命是……我試著不要帶它到任何地方，也不要評斷它。我相信遇到任何處境，我的靈性都會告訴我該怎麼做。

艾德的轉變關鍵之一，是一種接納的心境，混亂中蛻變的極多案例都可以看到這種情形，就像里奧所說：「當他全然接納他的處境，可怕的悲劇也有了新的意義。某種意識的一躍，使他明瞭他不必再被過去的遭遇定義。」艾德給我的信中更詳細說明了這點：

你活著一定要有接納的心。接納會帶來真正的改變和真正的和平。你首先得接納自己，再把那份接納擴及他人。我對於能夠理解這點深懷感激，它讓我可以走出自己，以超然的角度看事情。那樣看的時候，事物會清晰得不可思議，而且不會產生經常蒙蔽我們的負面情緒。

很多我遇到的受刑人會問我，我怎麼有辦法保持那麼快樂、積極？我試著跟他們解釋，我拒絕讓環境或遭遇決定我要有什麼感覺、要怎麼跟周圍的世界互動。有些受刑人和獄卒活在憤怒和常態的互相攻擊中，對於那些人，我只有同情。他們看不出那些負面能量和情緒真正傷害的只有他們自己。他們感覺生命就像一片烏雲，永遠不明白那片雲源自他們內心。世界真的就在我們心裡！而我選擇喜悅和感激。當你懷抱感激，負面的東西就沒有空間存在了。

我很慶幸有機會結識艾德，希望有朝一日能親自拜訪他。二〇一二年，美國最高法院裁定，對少年處以不得假釋的無期徒刑是殘忍且不人道的，因此艾德從二〇一八年底開始便有資格申請假釋。他得到律師麥可・凱瑟的志願法律協助（pro bono），麥可也對他有很深的敬意和連結感。目前為止艾德有過兩次假釋聽證會，但皆未爭取到假釋。里奧對此結果非常失望，但艾德自己不怎麼介意。里奧形容：「他的那種意識和對於現況的接納，讓他處在一種怡然自得的狀態，老實說，我到現在還是覺得很奧秘。完全沒有受害者心態，完全沒有仇恨。」或者就像他的律師麥可對我說的：「艾德・里托就是絕望之境中希望的化身。」

學習放手

我曾問獄中鳳凰信託的執行長山姆・薩頓（Sam Sutton），為何監獄和靈性覺醒關聯如此密切。他認為：

一部分是因為時間多——受刑人可能一天有二十三小時都被關著。所以他們有很多時間可以反思、走入自己內心。有一些情形特別會發生在長期受刑人身上。有的人被短期監禁的時候，可以假裝沒事，繼續用以前的模式過日子。但如果你面對十年或二十年的刑期，那可不是開玩笑的。你會感覺到嚴重性，真的必須面對自己，重新審視你的人生。

但我認為主因是在監獄裡，你的身分認知可能會遭受衝擊。你以前可以透過朋友、工作、周遭環境、所有你的習慣和模式而感受到自己是誰，現在卻感受不到了。你過去的身分就這樣起火燃燒，被大火化成灰燼，一個新的身分會因而產生。我們就是因為這樣才取名叫「鳳凰信託」。從舊自我的灰燼中會誕生出一個新的身分。它其實一直都在，輕輕敲著我們的門，但有時也會爆發、把門衝破。

這段話精彩地點出了監禁的靈性潛能何以如此之高。事實上，山姆強調的兩個因素，也就是我前文指出的兩點：孤獨和發呆（通向自我反思和自我探索），以及心理依附的消融（通向小我消融）。我和山姆一樣，認為後者是比較重要的因素。本章中最清楚也最戲劇化的小我消融案例，或許是阿南塔的故事。她不得不「把一切都放掉」，直到舊的小我自我徹底消融、死去。而這使得她內在一個新的、更高的自我能夠誕生。

混亂中蛻變普遍皆包含這個過程。混亂中蛻變的核心，基本上就是小我消融。在高壓和強烈混亂的處境中，小我自我可能承受不了壓力而驟然崩解，彷彿建築於地震中倒塌。又或者在心理依附瓦解的過程中，小我自我可能慢慢被拆解而終將消失，彷彿建築物在磚頭一塊塊抽走後倒下。對一部分人來說，上述兩種情境都只會導致心理崩潰。但少數人能在小我崩解之後，「向上轉化」至更高的靈性狀態。正如前文山姆所述，一個潛在的覺醒自我將彷彿鳳凰般從灰燼中出現。

依我之見，這種潛在覺醒自我的出現具有重大意義，不只影響蛻變者個人而已。我相信它具有**演化**上的意義，是當前地球上人類進化的一個面向。覺醒自我的發展，代表了人類演化的下個階段。它是一種增強的覺察狀態，而有朝一日將成為全人類的常態。就這層意義而言，覺醒自我即是上一章奧羅頻多所說的「靈知人」。（關於這點，我最後一章會再詳述。）

自由是種內在狀態

無庸置疑，很多人入獄是罪有應得。有些犯罪者患有心理病態（psychopathy）、自戀型人格障礙（Narcissistic Personality Disorder）等無法治療的人格障礙，無法同理他人，出於殘忍和無情而犯下兇殘的暴行。但也有許多人像艾德，其犯罪的原因，是受到諸如社會制約、同儕壓力、情緒不成熟等環境因素影響，有可能接受輔導，得到重回社會的機會（當然，還有很多人是蒙冤入獄的）。我們第一章談軍人時提過的觀點，其實也可以用在受刑人的議題上。我相信比較令人安慰的是：想一想，此刻承受著不正當的牢獄折磨的千千萬萬人中，至少有一部分曾經經歷，或正在經歷靈性覺醒。

我們也可以透過這個角度思考戰俘和政治犯，和二戰期間命喪集中營的上百萬人。就像軍人的狀況，目前還沒有明確數字告訴我們靈性覺醒在被監禁者中有多普遍（同樣是個非常值得研究的主題），但可以保守地說，並不罕見。因此極有可能的是，昔日的戰俘營和集中營裡，還有非常多我們不知道的混亂中蛻變案例。很遺憾，古拉格和集中營的死亡率如此之高，以至於很多人縱使有靈魂力增加韌性和精力並且經歷蛻變，卻沒能活下來將故事說給任何人聽。同樣地，當我們想到至少有一部分無辜被關押的人，曾擁有覺醒經驗或經歷過某種形式的永久靈性蛻變，或許能獲得一些慰藉吧。

監禁受刑人的蛻變教會我們的一件事，就是自由不僅只是外在狀態。世界上有幾億、甚至幾十億人有著自由之身，卻被自己的心囚禁。至少就理論上來說，他們的生活不受限制，可以去任何想去的地方、見想見的人、做想做的事，只要不違法。但外在自由並不能帶給他們任何滿足或充實感，因為他們被困在小我的籠子裡。他們被負面思考的習慣糾纏、被焦慮和恐懼壓迫、被思緒無休止的騷動和小我的孤立感折磨。他們封閉在自己的身心裡，把現實的其他部分——包括其他人類——都隔在界限之外。

另一方面，有些受刑人在暴力、不協和的環境中過著極度不自由的生活，卻全然無拘無束：不受焦慮拘束、不受思緒的騷動拘束，也不受區隔和二元對立拘束。他們發現一種內在的幸福，使外在的匱乏顯得沒什麼大不了。他們發現一種內在的自由，使外在的限制顯得不重要。

自由聽起來似乎必然是好事，實際上卻未必如此。有時候，外在的自由，反而使我們在心理上被束縛得更嚴重。太多可能和選擇會令人感到困惑。有太多事可以做，也可能造成我們注意力分散、精力白白消耗。當我們想要的東西都能取得、想做的事都不受限，有時會變得自我中心和自我放縱，最終覺得生命無聊。而當外在世界充滿活動和娛樂可供我們盡情享受，我們很容易會漸漸與自己脫節。

與此相對，限制有時候可能對人有益。當選擇有限，我們便能專注於真正重要的事。當我們與外在世界的接觸受限，甚至完全隔絕，我們便能轉向內在，開始自我反思和探索內在的自己。就像本章我們已多次看到的，放下對外在世界的依附、安靜簡單地生活，有可能使我們接觸到自己深層的本質，引發靈性覺醒。

當然，僧侶們老早就知道這件事了。出家修行的生活方式，就是建立於外在限制能帶來內在自由的觀念上。許多受刑人也在牢中意識到了這一點。一封寫給獄中鳳凰的信這麼描述：「我這一生，不是迷失方向就是陷在我的自我中心裡，一生都像在坐牢一樣。沒想到現在真的進了監牢，我卻覺得好自由、好平靜，活得自在安心。」

---

1 In Rankin, *An Introduction*, 224–25.

2 本段引自獄中鳳凰信託電子報，完整文字請見 https://www.theppt.org.uk/about-us/newsletters。

3 Alister, Bombs, *Bliss*, 171.

4 "'Hope Is a Powerful Weapon.'"

5 編注：全名為 Lysergic acid diethylamide，俗稱「搖腳丸」，與嬉皮文化有緊密連結。

第四章　喪失之痛：失去親友而蛻變

有個著名的佛教故事，是一則關於芥子的寓言。年輕女人迦沙．喬達彌（Kisa Gotami）因為幼子死了而悲痛不已。她抱著兒子的屍首挨家挨戶地走，苦苦尋找起死回生的藥。聽了一個鄰人的建議，她去見佛陀，佛陀要她收集一把芥子帶回來，但有個條件。佛陀說：「這把芥子只能向從未死過孩子、丈夫、父母、朋友的人家要來。」

喬達彌回到村裡，再次一戶一戶敲門。可是當然了，她收集不到芥子，因為沒有哪一家人不曾失去親友。最後喬達彌明白了：生命無常，人終有一死。佛陀告訴她：「人在塵世的一生紛擾短暫，而且離不開痛苦。因為有生必有死。……悲傷哭泣無法帶來安寧，只會令苦更深，折磨肉體。」[1]

這個寓言非常有力，它不僅說明了死亡和親友逝世是普世共同的經驗，也顯示出經歷它們能造成蛻變。迦沙喬達彌接納死亡以後，對生命的觀點也為之改變。寓言中，她成為佛陀的門徒，並且是他最早覺悟的女弟子。

失去親友是人會遭遇的嚴重創傷中，最尋常的一種。我們大部分人不曾上戰場或坐牢，但正如寓言所示，每個人都曾經歷過失去親友的傷悲（若你很年輕，或許還沒有，但仍會遇到的）。當逝者年事已高，死亡似乎自然、正常。若老人家罹患重病或心理疾病，死有時甚至像是種福氣。然而當年紀尚輕的人，特別是孩童死去，死亡可能顯得像場可怕且不公平的悲劇。因此不難理解為什麼，許多人失去親友後始終無法走出傷痛，終生都在憂鬱和創傷的狀態下度過。

創傷後成長與失去親友

正由於會帶來巨大的創傷，失去親友的經驗有極高的靈性潛能。當我們身邊的人過世，一切都會截然不同。本來彷彿安穩有序的生活一夕之間陷入混亂，就像一陣巨浪來襲，捲走了岸上的一切。突然間，世界變成一個陌生的地方，到處瀰漫空虛和失落感。我們原本感覺很穩固的身分崩塌了，再也不能確定自己是誰，因為我們的身分和過世的人緊緊相繫。我們所有的信仰、希望、野心都好像毫無意義，消散在空氣中了。

也因為失去親友會造成天翻地覆的影響，如同監禁，它與靈性蛻變有高度關聯。我們在前面已經看到——比如上一章的亞德里安和艾德——對混亂中蛻變而言，接納是一項重要因素。許多人難以接受、難以適應摯愛親友的死亡（尤其是不幸早逝的情況），因此止於悲痛，無法前進到成長和蛻變的階段，這也是很容易理解的。然而，當人們承認、接納摯愛親友過世的事實，通常會帶來非常強大的蛻變效果。

一九八〇年代晚期，心理學界剛開始探討創傷後成長時，學者很快就發現：失去親友是此現象最主要的源頭之一。創傷後成長最早的其中幾篇研究，是心理學者史蒂芬・舒赫特（Stephen Shuchter）一九八六年所作。舒赫特調查了一群喪偶約兩年的人，發現他們多數感到能夠從更寬廣的角度去看待生命、較不為小事操心、更能欣賞或感激重要的事物。[2] 並且，他們覺得自己在日常生活中變得較敏感、自立、開放、倚重心靈。與之相仿，一九九八年有一項研究，針對失去摯愛親友約一年的三百一十二人進行調查，發現其中約三分之一感到自己在生活中更成熟、自信，且溝通能力變好、人際關係有所改善。[3]

研究指出，即使最慘痛的死亡事件，包括喪失子女的案例，也有可能出現這些正面效果。在一項針對痛喪子女的父母的研究中，心理學者丹尼斯・克拉斯（Dennis Klass）發現在一段時期的調適和接受後，許多人感到他們的生命更真誠、更有意義了。有些人描述經歷過靈性蛻變，意識到他們「與某種超越物理和生理世界的東西相連，與他們感知到的潛在大秩序相連。」[4] 二〇〇二年的一項研究也有類似結果。

該研究以一群孩子遭殺害的父母為對象，學者發現，即使遭逢如此可怕的事件，有些人仍在兒女去世後獲得深刻的個人成長，包括更自立、更有同情心、更能欣賞生命、內在更有力量。[5]

破蛹成蝶

我自己過去的研究也發現，失去親友是觸發蛻變的主因之一。二〇一二年，我對三十二位有過強烈心理混亂進而造成蛻變經驗的參與者展開訪談（研究結果發表為〈在痛苦中蛻變〉〔Transformation through Suffering〕一文）。其中共有二十四人，表示自己發生了永久的轉變（而非後來逐漸淡化的暫時經驗），四例和失去親友相關。最非比尋常的案例之一，是位名叫葛琳．胡德（Glyn Hood）的女士。她的女兒在一場手術中過世了。喪女後大約兩年，經過公司倒閉和經濟困難等一連串伴隨女兒之死而來的難關後，葛琳突然經歷了一場蛻變。她原本的小我消融了，取而代之的是一個更高功能的新身分。那時她正在開車去超市的路上，突然注意到自己的意識在擴張，彷彿「以前大腦圍著的窗簾，現在一扇一扇被拉開了」。她將車停到路邊的同時，某些知識湧入她的腦海，她彷彿察覺了萬物一體的核心本質。她花了一段時間調適，才將那種狀態與日常生活整合，但終於，那遼闊的狀態成了葛琳的常態。她告訴我，那「就像毛毛蟲變成蝴蝶前，在蛹中等待的階段」。

我的博士研究（同時也是《飛躍》一書的基礎）考察了二十五個靈性覺醒的個案，其中有六例是失去親友所觸發。最感人的一個案例，是位叫格雷漢（Graham）的男士，他曾在幾個月內，接連失去了妻子和十幾歲的兒子。格雷漢覺得已經不知道自己是誰了。他不再是丈夫、也不再是父親。他描述喪失妻兒「徹底粉碎了我那層脆弱小我的外殼。」[6] 然而，透過接受逆境和探索他的反應，他在比小我更深的地方找到了一種新的身分意識。他體會到一種前所未有的「身在當下」感，更鮮明地察覺到周遭的一切，更能欣賞生命，而且不再那麼容易與想法及情緒同化。十一年後，我和他訪談的那年，格雷漢很明顯地已經達到穩定永久的清醒狀態：「生活現在輕鬆多了。我比較能活在此時此刻，也珍惜這樣活著。我以前執著的東西有一大半已經放開了。……現在我完全不擔心未來。不管生命給我什麼，我都能坦然接受。以前的我總會設定很多條件。」[7]

二〇一七年，我決定進行一項專門的研究計畫，更深入探討失去親友的蛻變潛能。我和助理克莉綺娜（Krisztina）協力，與十六位自述曾失去親友導致蛻變的人，進行了一系列的訪談。我們也請參與者填寫了兩份心理計量量表，測量他們的靈性和清醒程度，協助評估他們是否真的已經蛻變。

我們的十六位參與者（十二女、四男）遭受過不同類型的喪失之痛，包括父母、朋友、手足、伴侶、配偶之死。其中一位的案例是人工流產，對當事人而言，這是一段痛失摯愛的經歷。另一些案例涉及暴力而突然的死，包含兩例謀殺、三例車禍事故（以及一例單車事故）、一例自殺、一例溺水。其他的案例則主要是健康因素，例如癌症或心臟病發。大部分參與者都是在毫無心理準備的情況下忽然就失去了親友。（親友逝世若為突然發生，通常會造成更大的震驚和創傷，也更容易導致小我消融。）

克莉綺娜和我對訪談結果進行了「主題分析」（thematic analysis，心理學的標準研究方法之一），以便找出參與者的蛻變有哪些主要面向。有幾項改變，幾乎人人都有提到，譬如：變得較不物質主義、對死亡的觀點更正向（包括覺得「死亡不是終點」）、感受到過去沒有的幸福快樂、開始能欣賞自然（及感到與自然相連）。依照參與者所說，他們在人格方面也有變化，如今更開放、聽憑直覺、真誠、自愛、有同情心。他們也表示生命中出現了新的價值和目標，比如：助人的渴望增強、想對世界有貢獻、想花更多時間和心愛的人相處。

以上這些，均為清醒狀態的常見特徵，本書介紹的每位蛻變者身上皆有出現。參與者的量表得分也都相當高。對大部分參與者而言，蛻變經驗已時隔多年（大多發生於親友逝世當下或稍後）。蛻變經驗至今的時間平均為十三年，最短三年，最長五十年。有八人的經驗已過去十年以上。

這顯示一般情形下，混亂中蛻變是相當持久穩定的。經歷過混亂中蛻變的人，鮮少會再跳回蛻變前的狀態。隨著人們將其整合到日常中，感受的強度有時會減弱一些（本章稍後芮妮的故事裡，我們將清楚看到這一點）。可是一旦更高功能的覺醒自我（awakened self）誕生，它就會永久而穩固地成為蛻變者的新身分。失去親友的研究中，一位參與者便告訴我：「感覺起來穩定但安靜……好像線路整個重拉了。」另一位則說：「我無法返回從前……就像鈴響了或氣球破了不能回復一樣。」8

我們的研究也證實，混亂中蛻變可能為漸進發生或突然發生。我們調查的十六個案例中，漸進覺醒和突然覺醒正好各占一半。

「和世界相繫、被愛著、被抱著」——蘇西的故事

我們訪談的對象中，有一位五十多歲、名叫蘇西（Suzy）的女士。三十多年前，她丈夫死於一場車禍，留下還很年輕，帶著六個月大的嬰兒的她。丈夫的喪禮上，她經歷到一次覺醒經驗，從此開啟了她的蛻變之路：

> 喪禮進行到第一首歌的時候，我的兩手上下開始像有針在扎，很不舒服。我覺得我快站不住了。當第二首歌開始，已經一切都不同了。好像有某種力量穿過我，使我變強壯。我感到欣喜若狂。我內在有什麼變了，我現在覺得有力量、控制得住局面。我用我最大的聲音唱歌，然後在喪禮結束時感謝每個前來的人。守靈的時候，我還和賓客們一起談笑。

然而喪禮一結束，蘇西又重新陷入哀傷。幾天之間，悲痛越來越劇烈，她甚至開始考慮起一死了之：

我拿著藥坐在床邊，想著自殺的事，但有什麼告訴我那樣不對，某種在我之外的東西。我沒有聽到任何聲音，沒有實際的說話聲或任何別的，但我就是知道。之後我就有一種確定的感覺，感到生命很可貴、是給我們的恩賜。從此以後，這種感覺就一直伴隨著我。

當時的蘇西對靈性一無所聞，但喪夫後，她漸漸踏上自我探索之旅，研讀靈性教導、藉由練習培養持續的清醒狀態：

過去三十年我一直在成長，尤其是最近這十五年。這段時間以來，我活著就是為了讓靈魂繼續發展。物質的東西對我來說不太重要。我試著成為最好的我。我深深覺得自己和其他人事物相連。這禮拜二早上我才有過很強烈的一陣感覺：「天啊！全宇宙都在和我通力合作。我感覺我和世界相繫、被愛著、被抱著。」

我先生的死，改變了我對死亡的態度。我開始直視死亡，思考死的意義，我開始讀超心理學（parapsychology）[9]。他死後過了四年半或五年，我終於能接受他已去往旅程下個階段的事實。依我看，死後會發生什麼並不在我們能得知的範圍。我覺得雖然某方面來說我們都是相連的，但我們也各自獨立，因為每個人都有自己的旅程要面對。

我先生的死，也改變了我對於「生命中什麼重要」的觀點。那好像會把你從不重要的小事中狠狠摔出來。原本就很重要的事，現在變得更重要了。比起車子、房子什麼的，關係和連繫這些變得更重要了。

我覺得那經驗好像給了我靈魂，或至少讓我接觸到自己的靈魂。它開啟了我，撬開了某種硬殼。

蘇西如今是位冥想老師，她說：「我非常熱愛這份工作，感覺到這就是我該走的路。我現在覺得自己很完整，不過要學的還很多，而且我還想持續成長。」

「我選擇愛，而非恐懼」——芮妮的故事

有一個失去親友後經歷突然覺醒的案例，是位美國人芮妮（Renee）和我分享的。她的故事也是很好的例子，說明靈性覺醒可以穩定維持極長時間。芮妮的轉變是五十多年前發生的，那時她才十四歲。

芮妮的覺醒有個特殊之處：逝者並非她特別親近的人。大部分失去親友而蛻變的案例涉及伴侶、親近的親戚或朋友。芮妮的案例中，逝者則是她認識、但不算特別要好的一個男孩。關鍵要素在蛻變者強烈感受到有人過世的痛苦，這比較常發生在我們失去至親摯友時，但當然其他狀況下同樣有可能：

丹尼是個活潑可愛的人，親切、好笑又調皮，我很喜歡他。八年級結束的暑假，我在家裡聽音樂、逛廣播頻道，碰巧聽到一則消息，說我們鎮上有人溺斃。結果死者是丹尼，他在撿河底的高爾夫球的時候被水流沖走，就這樣溺死了。

那件事讓我傷心至極，整個人都被悲傷壓垮。我沒辦法做好該做的事，一連幾個月都是那個樣子。所有我想得到能讓自己好過一點的方法我都試了：我試著寫詩、寫歌、上教堂。但不管去哪間教堂，都得不到任何慰藉。我也試過和丹尼的家人聊一聊，但他們本身就很痛苦了。最後我開始固定在每週日走去墓園。

九年級開學了，我還是渾渾噩噩。然後有一天，我坐在一棵樹下，當我抬頭看天，突然就像眼前的簾子被掀開了一樣。我感到一種蓋過一切的巨大平靜，這麼久以來困擾我的問題都消失了。我只是聽普通的聲音，就能聽見音樂。色彩變得異常鮮豔，我從沒見過那種顏色。

在那之後，我對每個人、每件事都照單全收，不批判，也不質疑。我一點恐懼也沒有，無論是對任何人或任何事。我有種美妙的感覺，好像丹尼與我同在，或他在促成這一切發生。那些感覺強烈得讓我有點應付不來，但沒有人可以商量。我的家人看出不太對勁，但他們不知道怎麼辦，所以什麼也沒做。好幾個月過去了，我還是這種狀態。

高一那年的某個時候，我開始注意到有種奇怪的感覺，好像身上少了什麼似的。我想我應該是被拉回現實了。原因有一部分是我愛上了一個男生，一部分是課業和活動。我感覺得出那種美妙的存在狀態正在逐漸變淡，每過一週、又過一個月，就離我更遠一點。這段時期到了盡頭時，那些美好、強烈的感覺已經不一樣了。但它並沒有完全消失，只是變弱而已，而且從此就維持在那種比較弱的狀態，一直到今天。

我現在還是有能力看出每件東西的美，即使是令人覺得恐怖的事物。我還是有種感覺，覺得我遇見的每個人都能給我一些什麼，而我也能給他們一些什麼。我對自己作了個承諾，決定不要活在恐懼中。我已經能分辨哪些時候是恐懼在驅使我、哪些時候是愛在驅使我；基本上，我選擇愛，而非恐懼。音樂在我耳裡還是很清晰，色彩鮮豔到了極點。那就像你看著一副黑白圖畫，然後它突然變成彩色的。事實上，我沒辦法回到看見黑白了。

如同許多覺醒的人，芮妮起初難以理解她的經歷。她試著由傳統宗教的角度來解釋她的新狀態。她告訴我：「我找了好多不同宗教、不同信仰體系，但是都沒有符合的，完全沒有。終於有一天我想通了，所有宗教或教派都一樣真，我決定每一種都去相信。當我這麼做之後，我就得到一個能理解世界和自己經驗的框架了。」

芮妮的覺醒決定了她後來的道路，形塑了她人生的價值觀。大學畢業後，她感到自己的天職是幫助他人減輕痛苦，開始受訓成為護理師，最後在這一行奉獻了四十年的歲月。她這一生從來不曾執著於物質或地位象徵。她對我說：「我成年以來都是在二手商店購物，當作主要的消費管道。我這個人不追求精品或豪宅。比起擁有任何東西，我更喜歡現在這樣看世界的能力。」芮妮也非常能欣賞自然，極懂得享受孤獨和發呆：

我覺得自然是將我和宇宙連在一起的東西。我喜歡在大自然中活動。我喜歡躺在我家門前的陽臺上，聽周圍的聲音——鳥叫、割草機、人們走過、小孩在玩。那是我的一種冥想方式。自從那事件發生後，我就覺得世界好美、人們好有意思。它讓我意識到批判並不妥當，因為人類做的每件事都有意義，即使是可怕的意義。它讓我能欣賞音樂、花草、顏色、藝術，還給了我一份最美好的職業。我不僅熱愛我的職業，而且非常榮幸能成為其中的一員。

芮妮的故事有趣的地方之一，是她描述清醒狀態起初極為強烈，接著漸漸減弱，最後停在某個較低的強度。如同我稍前提到的，這種現象頗為常見。托勒在《當下的力量》導論中就提到，他自己蛻變後，約有五個月時間活在「持續的深沉寧靜喜樂中」，之後這狀態「強度稍微減弱了些」，才成為他的自然常態。10

對我來說，這是覺醒較神秘的面向之一。或許它是適應過程的一環。可能人必須某個程度「從高處下來」，才能重拾正常的心理能力（比如專注、記憶、理性思考），否則無法在世界上運作。不過就我所知，目前還沒有理論能說明為何會發生這種減弱。

死後溝通與蛻變

許多人失去親友後，會感到自己仍與逝者有某種溝通。研究指出，遭逢摯愛親友死亡的人，約有半數至四分之三感覺逝者仍在身邊。[11] 有些人只是感到逝者還在不遠處看著或幫助自己。有些人經歷到嗅覺、聽覺等感官經驗，譬如聞到逝者的香水味，感受到他們的觸摸，或聽到他們在呼喚自己。也有一些案例中，人們透過電腦、收音機、電話等電子設備收到來自逝者的訊息。最戲劇化的是，許多人表示實際看到了過世的摯愛親友，譬如看見親友躺在床上、坐在某張扶手椅中或走進房間。這些經驗可能持續到親友過世後數個月，甚至永久持續。也有些是只發生一次的單獨事件。

這種經驗的形式之一，是在親友死亡的時刻前後看見他們。這類經驗發生時，當事人通常並不知道親友已逝世，而是事後才聽說他們的死訊。我的一個朋友曾經半夜裡醒來，看見她祖母站在床尾。「奶奶，你怎麼會跑來？」我朋友困惑地問：「你怎麼沒在家睡覺？」她祖母什麼話也沒說，過幾秒就消失不見了。隔天早上，我朋友接到電話，才知道祖母昨天夜裡過世了。

我們的研究計畫結束幾個月後，一位叫茉莎（Mirtha）的女士寫信給我，分享了她喪子後的蛻變經驗。她兒子死於一場空難，原本還有三個月就要結婚了。他死前四天的深夜，還沒睡的茉莎看見了一個異象。她看見一隻帝王斑蝶（monarch butterfly）飛著飛著，然後墜到了地上。空難發生後第三天，她忽然發現（不帶任何思考或分析）自己「我看見的畫面就和兒子的意外一模一樣，只是用象徵表達。」

這件事幫助她理解兒子的死並非毫無意義。接下來一年半，每一次茉莎強烈思念兒子，片刻後就會有一隻帝王斑蝶出現，有時是真的蝴蝶飛過，有時是書裡、櫥窗裡或電腦上的圖像。這些經驗使她相信，她兒子還以某種形式活在世間，在默默協助她轉移到接納的狀態。

事實上，茉莎的蛻變經驗也是個絕佳的例子，說明了承認和接納的心態有助於混亂中蛻變。她非常勇敢地主動試著面對、甚至探索她的心理混亂：

那團混亂中，一陣莫名其妙的寧靜襲捲了我。我知道那是因為我停止抵抗的緣故。自那時起，寧靜就再也沒離開過。其實它程度有降低，那時它已帶我走上更深刻的精神生活。我想，感受赤裸裸的痛是很重要的，不這樣的話就無法治癒傷口。我從來沒有為了減輕疼痛吃過任何藥。

我知道我兒子絕對不會想看到媽媽躺在床上，為發生的事埋怨生命、上帝、宇宙、高我（higher self）或任何東西。不知怎麼，我反而有股感激之情，因為我生命中曾有他這麼棒的禮物，和他度過了美好的三十七年。

「在那另一頭，也有我熟悉的人」——麗安的故事

我們的研究並沒有直接詢問參與者他們是否曾感覺逝者在身邊，但有一位美國女性麗安（LeeAnn）就談到，這種體驗是她蛻變的一個重要面向。

我和麗安訪談時，她四十六歲。三年前，她的好友布魯諾在夜總會保鑣工作中被殺了。布魯諾試圖阻止一名幫派成員向敵對幫派成員開槍，結果不幸中槍身亡。令麗安更難過的，是這件事開庭審判的時候。她和布魯諾的家人關係很好，因此審判中都陪著他們。法庭上播放了謀殺當時的錄影，家屬自然都不願意看到，但麗安覺得自己有義務觀看。她發現看了錄影造成很大的創傷，之後好幾天都覺得心力交瘁。

麗安的蛻變經驗發生在審判後沒多久。那天是跨年夜，她和她的室友一起過：

我們決定跨年待在家裡，所以當時我說：「我們就放鬆一下吧，什麼都不用做，到時候再看看。」大約八點的時候，我們經歷到那件事。我室友坐在一張椅子上，我坐在沙發。室內的能量好像自己開始改變了。我們沒喝酒也沒吃藥，沒抽麻，跟這類原因完全無關。我們兩個都非常清醒，神智很正常。

我們天花板的風扇燈閃了一下。燈光開始起變化，接著突然之間，我們就好像浸沐在金光裡。那不正常，可是是真的。真的就發生了。我心想：「我中風了嗎？」但我室友也同樣感覺到了。金色的光充滿房間，有一種壓倒一切的平靜感。我甚至不知道世界上可以有這麼平靜、這麼美好的感覺。那是極樂的感覺。

接下來的部分比較模糊，因為實在發生太多事了。首先，我開始穿過我從小到大的每一份回憶。我好像飛速把我的人生走了一遍。我不知道我是怎麼辦到的，怎麼能吸收那麼多資訊。我感受到瘋狂的情緒，還有我人生中曾經想過的所有念頭。然後，我好像被推回了身體裡，如果這樣說得通的話。好像我的所有回憶都被抽出來，然後人又被推回身體裡。

接著我看見布魯諾，以他活著時的姿態出現。我的眼睛是閉著的，但他就站在我眼前，被光和深淺的藍色包圍。他對我說：「你一直要我回來，不要這樣想，這裡才是我該待的地方。」他說得很少，只說：「這裡才是我該待的地方。我不想回去。別擔心，一切都會很好的。」

接著，布魯諾彷彿把我接上了什麼東西，某種能量場。我並不覺得怕。接上之後，我感到一種不可思議的完整，但同時也極度震驚。我們哭得很兇。我室友也經歷了同樣的感覺，出現跟我一樣的反應。總共大概持續了三十分鐘吧，後來有個人進房間，就結束了。

第二天，我基本上都沒說話，沒什麼可以說，就只是努力消化我經歷的事。忽然之間，彷彿所有的痛和傷都消失了。我還是坐在那裡，但聽見布魯諾在對我說話。那是個週五晚上，大概九點吧。布魯諾跟我說，他希望我傳簡訊給他的兄弟，但我不想傳。他兄弟非常悲痛，我不想跟他說我遇見布魯諾了。他們是摩門教徒，我不知道他們會作何反應。所以我開始出聲跟布魯諾吵，說我不想傳，但布魯諾堅持說：「不行，你一定得幫我這個忙，幫我傳簡訊給我兄弟，我要傳的內容是這樣。」我只好把內容傳出去。他兄弟馬上就回覆了。他那天在修一輛車，他確信布魯諾就陪在他旁邊。他說：「今天我絕對不可能是一個人。有些時候，我做的事應該要兩人才能完成，他就在我旁邊幫助我，我毫不費力就做好了。」

從那以後，我人生的一切都變了。以前我活在某種泡泡裡，好像把自己封起來，沒有別的地方可去。我沒有在尋找任何東西，沒有事情逼我要找到什麼。現在我感覺像漂浮在羊水中，有一塊小小的紗矇著，我可以看得透。我看得出還有另一個世界，而且紗越來越薄。我現在更感覺得到對面是什麼。

那天起，我就聽得見布魯諾的聲音。他一直在我身邊沒有離去。那個時候，他為我打開了某條通路。我覺得好像在那另一頭也有我熟悉的人，不管那究竟是哪。這打開了我的心、我的腦、我的靈，打開了我和其他能量連接的管道，和我對所有人事物的感受。

我和麗安訪談的時候她還在適應她的轉變，努力掌握時間的概念。她特別遇上問題的是會想不起回憶，以及難以判斷一件事發生多久了。麗安住在美國深南地方，身邊幾乎都是宗教基本教義派，以及她認為不會理解她的人們，因此她極少對人提起自己的蛻變。儘管如此，她還是對她新開啟的世界興奮不已，並為自己的改變感到驚奇。

最大的改變之一，是她不再害怕死亡。她告訴我：「死是我過去最大的恐懼。但現在我不再把它視為死。我只覺得那是個轉換的過程，我們會變成某種別的東西，更偉大的東西。」另一個改變是她許多時候在靜默中度過。以前她是個外向、擅長交友的人，總是需要有人陪著，現在則變得享受寂靜和孤獨。她這麼告訴我：「有時候我可以整個週末都只是靜靜坐著。以前的我是絕對絕對辦不到的。現在我需要靜默，也想要靜默。」

同樣地，布魯諾死前，麗安對自然不曾感到特別有興趣或連結。她本人的說法是：「我完全不是戶外派的。」但如今，她經常花時間在大自然中，而且對動物有強烈的共感和連結感。對於人們她也有同樣的連結感，並且非常想幫助他人：

對我來說，交流是最重要的。我覺得唯一有價值的就是當下這一刻，和正在與我互動的對象。我開始把每個人當作自己看待。我感覺我和每樣東西都連在一起，無論是有生命或無生命的。每走進一家商店、走在路上或與人說話，我都一定要和人有眼神交流。我需要有連結。

麗安原本就不是特別在乎物質的人，但蛻變後她開始十分厭惡購買非必要的物品或為賺錢而賺錢。就像芮妮一樣，她也改利用二手商店，不再購買新品。丟掉任何東西她都會覺得不自在。

麗安仍從事著她蛻變前的工作，在一個皮膚科組織擔任公關主任。起初，工作的某些方面使她做得很掙扎，但經過改變態度，她慢慢能適應了。現在她專注於病患和其他員工的福祉，不太去想利益的角度。她告訴我：「我希望確保每個走進來的病患、每個在這裡工作的員工，都時時被尊重、珍視、關心，這對我來說太重要了，重要到很荒謬的程度。」

當我請麗安總結她轉變的主要面向，她再次用了一個跳脫受限視野的比喻：

我這樣形容好了。以前我是個正方形或長方形，直線，而且封閉。我被封在一個框框裡。現在圖像變成是流動、圓形、金色、散發能量。裡面還是會有亂流，但亂流幾乎是怡人的，因為我知道它會通向某個地方。封在框框裡的話，你會知道已經到盡頭了。你只是把該做的事做好，就這樣。以前我在框框裡，所以有被困住的感覺。我變得沮喪、生氣、暴躁，有很多自己的問題和煩惱。雖然我覺得我有同理心，但也有很多事只是為我自己做的。

現在我從框框裡出來了，浮在這些水波中、這些能量中央。我覺得浪好像會推著我撞上我該遇見的人。我覺得好像一切都有理由。我不需要知道答案，不需要標籤，不需要知道結局。我有一種平靜感，它讓我知道有一個更大的意義、更大的使命，我們全都是這使命的一部分。我只要不脫離屬於我的意義，就會船到橋頭自然直。

我感覺到莫大的愛和莫大的支持。我心裡有莫大的感激。

對麗安而言，一切都來自於她在跨年夜體驗的金色光芒，亦即再次遇見布魯諾的那個時候。她感覺到那道光在她之中，而且每當她與人交流，彷彿也會將光分給他們。按照她的說法，她對物質事物反感的主因是「我們擁有的越多，就會離我們的源頭越遠。每個人可以用不同方式想像那個源頭，但對我來說，它就是那道金色光芒。」

歷史上的蛻變

今日生活在世界較富裕地區的人們，已不常經歷到嬰兒夭折。但其實二十世紀前，嬰兒和孩童的死亡率高得難以置信。有一項研究調查了包括古羅馬、中世紀日本、帝制中國、文藝復興歐洲等四十三個歷史上的文化。結果發現所有出生的嬰兒中，有四分之一活不到一歲，而全部孩童中，有半數死於十五歲前。[12] 這些數字在不同文化間高度一致。也就是說過去的父母親絕大多數都經歷過孩子的死。

今天的人們或許會認為，古人應該已將孩童死亡看作生命中必經之事，所以失去孩子時不至於像現代人那麼傷心欲絕。今人或許會認為，我們的祖先為了保護自己，應該會避免對孩子投入那麼深的情感。不過我個人不太相信這樣的看法。我認為古人遭逢孩子死亡時，很可能就像現代人一樣痛心和受創。由於孩童夭折在過往如此普遍，我能想像昔日有許多父母因為失去子女的創傷而麻木、暈眩，從此活在永久的哀痛狀態中。這或許解釋了過去信仰宗教的比例如此高的原因。儘管人們可能不解（甚至憤怒）為何善良的神會允許他們的孩子死去，但宗教一定幫助他們找到了受苦的意義，部分是透過相信有個能與孩子重逢的死後世界。

最近在閱讀我最喜歡的詩人之一——威廉．華茲華斯（William Wordsworth）——的傳記時，我發現這位詩人也是喪失子女之痛的一個悲傷例子。華茲華斯最著名的詩包含描寫自然中瀰漫靈性力量的〈丁騰修道院〉（Tintern Abbey）、〈不朽頌〉（Intimations of Immortality）等一類作品，以及描寫他家鄉英國湖區曠野風光的詩。一七七〇年出生的華茲華斯，並不知道東方靈性傳統（甚至神秘基督教），但他明顯是個靈性發展程度很高的人。

我對華茲華斯的生平所知不多，讀傳記時難過地發現他這一生充滿了喪親的陰影，特別是子女的死。一八一二年（當時他還沒走出幾年前兄弟過世的打擊），華茲華斯失去了五個孩子中的兩個。首先過世的是女兒凱薩琳，她從出生就身體病弱，他們一直不敢期待她能活到長大。接著六歲的兒子湯瑪斯也死了，死於麻疹併發的肺炎。（另外三個孩子也都感染麻疹病危，經過數天才脫離險境。）

之後多年，華茲華斯和他妻子都深陷哀痛。兒子剛死時，華茲華斯在給朋友的一封信中動人地寫道：「我無法確定自己處於何種精神狀態；我以我靈魂能付出的全部愛意愛著那孩子，他卻從我身邊被奪走了——交出這般珍寶令我心靈痛苦不堪，卻還是覺得比從未擁有富足千倍。」[13] 過了三年，華茲華斯寫下一首美麗而激烈的感傷小詩〈為喜悅所驚〉（Surprised by Joy），描述他痛失愛女的「最悲戚的失落」。他敘述自己是多麼痛苦地得知「我心最珍貴的寶物已不在」，且沒有方法能「使那天使般的容顏重現眼前」。

華茲華斯對失去兒女的反應無疑相當典型，也顯示了往昔為人父母者必須承受多重的傷痛。只可惜華茲華斯失去孩子後，似乎並未經歷到靈性成長。[14]但當我們想到歷史上孩子不幸早夭的億萬父母當中，至少有一部分經歷過混亂中蛻變，總是能感到安慰一些。前幾章討論受刑人和軍人時，我也曾說過這一點，但在失去親友的情況中，這件事尤其有意義。因為比起被囚禁或上戰場，喪失子女又更普遍多了。

我深深相信，我們身邊靈性覺醒的人，實際數量遠多於我們所知。有很多人經歷過混亂中蛻變，但沒有靈性相關的背景知識，所以並不完全理解自己經歷了什麼，也不曾將此事告訴別人。放諸過去的世代，當然也是如此。過去各世紀、世界各角落的不同文化中，必然曾有過千千萬萬不為人知的覺醒者，因遭遇磨難和創傷而靈性覺醒。而最常見的觸發原因也許就是失去孩子的痛。

---

1 請參閱 https://www.sacred-texts.com/bud/btg/btg85.htm。
2 Shuchter, *Dimensions of Grief*.
3 Frantz, Trolley, and Farrell, "Positive Aspects."
4 Klass, "Spiritual Aspects," 264.
5 Parappully *et al.*, "Thriving after Trauma."
6 Taylor, *The Leap*, 117.
7 Taylor, *The Leap*, 117.

8 Taylor, "Transformation through Loss," 6.

9 編注：主要研究「超自然現象」的心理學領域，如瀕死經驗、前世回溯、預言、念力等。

10 Tolle, *Power of Now*, 2.

11 Keen, Murray, and Payne, "Sensing the Presence."

12 Roser, "Mortality in the Past."

13 In Barker, *Wordsworth*, 111.

14 事實上，它們似乎產生了相反的效果，並在華茲華斯身上帶來「精神上的封閉」。華茲華斯令人費解的一點是，儘管他活到八十歲、寫了數百首詩，但他所有最好的詩都寫於四十歲之前。評論家們普遍認為，他在此之後幾乎沒有寫出任何真正的好東西，並且經常對他的作品品質下降感到困惑。他後來的詩缺乏早期作品的新鮮感和洞察力，以至於它們看起來似乎來自不同的詩人之手。我是這麼看：這是他悲痛的結果，首先是失去他的兄弟，後來是孩子。一位評論家寫道：華茲華斯整個人好像「結冰了」，這可能肇因於喪親之痛所造成的創傷。

第五章　絕處逢生：面對死亡而蛻變

二〇一八年，我受邀於洛杉磯附近舉辦的一場研討會上擔任講者，我高興地發現，作家馬克・尼波（Mark Nepo）也是與會發表人之一。我很期待與馬克一遇，一部分是因為他也寫詩（跟我一樣），也因為我知道他經歷過一場震撼的混亂中蛻變。

我一見到馬克，就很喜歡他這個人，研討會那三天我們常聚在一起。有些作家——甚至包含靈性作者——會給人自視甚高的感覺，但馬克謙虛又樸實。他散發出一種鎮定的氣場，那是知道什麼真正重要、對生命及其酸甜苦辣心存感激的人所特有的。他的詩和其他寫作都從一個擁有深刻靈性洞見與智慧的地方泉湧開來。

馬克是經過了開啟生命的可怕痛苦，才走到今天這裡。三十多歲時，他被診斷出罹患一種罕見癌症——腦部與顱骨之間的淋巴癌——一度與死亡不遠。起初他覺得被擊潰，一想到等著他的痛苦與折磨和這麼早結束一生的可能，就恐懼萬分。但後來他變了。馬克的描述是：「我盡可能真誠面對生命給我的東西，經由這樣做，我得以通向『宇宙之善』（the well of all being）。那是萬物的共同主宰，它用我根本不知道擁有的韌性讓我振作起來。」

馬克內在誕生了一個更強大、更深邃的身分，猶如重生的鳳凰。他康復至今已逾三十年，但他從病中學到的事依舊清晰且迫切。

「一切都為之改變。」他在研討會期間告訴我。「即使現在，我每天早上起床，還是感覺彷彿生與死就在我的肩上棲息著。即使現在，我一樣感覺能醒來、站在這裡，就是件值得慶幸的樂事。我真的變了個人。我現在所知的一切，都是那件事教我的。那就像是通過一扇大門。你回頭看時門已不見，你知道再也沒有回去的路。當你離開那扇門往前走，世界已經完全不同。」

死亡——最有力的喚醒者

既然失去親友——即親近之人的死——可能引發靈性覺醒，我們不會太意外的是，當人們遇上**自己**的死，也一樣可能引發蛻變。本書頭三章探討軍人和受刑人的蛻變時，我們就檢視過幾個例子。比如說

第一章的大衛和蓋瑞，他們在戰場上的生死經驗（目睹同袍身故、自己也隨時可能喪命）無疑是他們蛻變經驗中重要的一面。第二章中，我敘述了作家柯斯勒的覺醒經驗，而那正發生於他在牢中等待處決的期間。同樣在第二章，我們也討論到古拉格受刑人的蛻變，其中死亡的威脅極可能扮演了一個因素。

不過這一章，我們會將焦點放在不涉及監禁、戰爭等特殊情境的一般情境生死經驗。為方便討論，以下我會將生死經驗分為兩類。

一方面，我們將檢視學界稱為「瀕死經驗」（near-death experience，NDE）的案例。瀕死經驗可能發生在人非常接近死亡（例如昏倒或昏迷不醒）或醫學上已經算死亡的時刻。舉例來說，一個人可能在心跳停止後，腦和身體一度短暫停止運作才又復甦。許多案例中人們都表示，那段期間雖然他們的大腦已無活動跡象，但他們仍然有意識，而且經歷了一連串非凡的事件。

典型的瀕死經驗案例裡，人們表示他們感覺到離開身體，由上方俯瞰，接著飄入太空中。他們感到無比幸福，並有與萬物相連及愛的感覺。有時，他們會遇見已故親人或光中的人。他們也可能看見自己的一生於幾秒之內閃過眼前，不過這種情形較沒那麼常見（上一章的麗安就描述過此種經驗，不過並非發生於瀕死之時。）瀕死經驗於外界時間可能只持續幾秒，但通常都會造成強大的蛻變效果。

然而，即使沒有特別經歷過瀕死經驗，與死亡近在咫尺也可能促使一個人靈性覺醒。這便是我們將探討的第二種類型：突發的事故或受傷，又或者癌症等長期疾病帶來的生死經驗。正如同馬克的發現，就算不涉及瀕死經驗，單是意識到死亡的真實與無可避免——生命的脆弱與短暫——也足以使人發生重大的轉變。

我們將先從第二種類型看起。底下我會將這類經驗稱為「走過生死關頭」（intense mortality encounter，IME），以利和瀕死經驗區分。

走過生死關頭

就像失去親友的經驗一樣，許多研究顯示走過生死關頭也可能引發創傷後成長。有諸多類型的生命受威脅經驗都可能帶來創傷後成長，涵蓋了天災、意外、慢性病。

最早指出此現象的研究之一，是對一起船難事件生還者的調查。一九八七年三月六日，一艘輪船在從英國航向比利時的途中傾覆，造成一百九十三人喪生。船難後數個月，生還者（約三百人）當中許多人出現創傷後壓力症候群的症狀，包括令人不安的夢、焦慮、情感抽離（emotional detachment）及麻木、睡眠障礙、注意力不集中。

三年後，當時還是博士生的心理學者史蒂芬．約瑟夫（Stephen Joseph），對該事件生還者進行了一項調查，結果有了驚人的發現。雖然創傷後壓力症候群仍然普遍（但症狀已有減輕），約瑟夫發現，四三％的生還者皆表示「他們的生命觀有正向的改變。」[1] 根據他們的敘述，他們開始不再將生命視為理所當然、更珍惜與人的關係、將每天活到極致、覺得自己更有生命歷練等。（有趣的是，學者估計有四七％的人在經歷過任何形式的創傷事件後會出現創傷後成長的現象。此數字和約瑟夫得到的四三％很接近。）

也有大量證據顯示，走過生死關頭可能引發混亂中蛻變。如同本書前面提到的，創傷後成長與混亂中蛻變很難截然二分。事實上，這兩種現象並沒有明確的界線，只有程度強弱的漸進差異。創傷後成長的所有特徵（例如欣賞力、真誠、意義感）在混亂中蛻變的案例裡也都出現了，只不過後者是以更強的形式登場。而因為混亂中蛻變整體來說程度更強，隨著強度提高，我們也看到新的特徵出現，例如連結感與一體感、幸福喜樂的感覺、意識到潛在的靈性力量。

創傷後成長與混亂中蛻變其中一個不同的地方在於，前者幾乎總是漸進發生，後者則是漸進或突然**皆有可能**。有些類型的創傷，似乎較易引起特定類型的蛻變。比方說，失去親友似乎特別容易引起漸進蛻變。（如同上一章所述，我對失去親友而蛻變的研究中，漸進和突然的案例剛好各占一半。）另一方面，走過生死關頭則似乎特別容易帶來**突然**蛻變。尤其是單次、獨立的生死經驗，例如發生事故或短期傷病。

我在《衝破黑暗》一書中，敘述了東尼（Tony）的故事。東尼和我是同鄉，都住英格蘭曼徹斯特。他五十二歲那年有過一次心臟病發，當時他是個事業有成的生意人，過著每週工作六十小時的生活。康復後，東尼覺得猶如大夢初醒。他突然意識到自己一直視為理所當然的事物有多可貴，譬如他生命中的人們、周圍的自然，還有活著這件事本身。他從前的人生目標，像是金錢、成功、地位，好像都不再重要了。他感到一股內在喜悅，和一份與大自然及陌生人相連的感覺。

由於他的蛻變，東尼決定賣掉他的事業，用所得的一部分買下一家自助洗衣店。在我家那一帶，大家都叫他「洗衣店裡的大師」，因為他常和顧客分享他的蛻變故事，提醒人們別把生命中的任何事看作理所當然。有天下午我正在排隊等洗衣機時，他跟我說：「我知道活著代表什麼、活著多麼美好。我想盡量把這件事分享給越多人越好。」

另一個走過生死關頭引起混亂中蛻變的例子，來自一位蘇格蘭記者艾瑪·蔻茵（Emma Cowing）。二〇〇八年，艾瑪正在阿富汗前線採訪時因急性中暑突然倒下。她心跳停止了四分鐘，有十八小時陷入昏迷狀態，並出現心肌梗塞、肝衰竭及呼吸衰竭的症狀。軍醫救回了她的性命，她被飛機送到英國一家醫院，接受後續治療。她恢復的速度快得驚人，僅僅六天之後就出院了。

當她挽著爸爸的手走出醫院時，艾瑪眼中映入了以前她會覺得枯燥醜陋的都會景象。但現在，那看起來美極了：「天空正開始飄雨。附近的高速道路上，汽車的喇叭在響。割過的青草味混雜了一個爆滿垃圾桶飄出的味道，上面有隻海鷗，正莊嚴地啄著一袋沙威瑪。我覺得這真是太棒了。……我呆呆站在那裡，敬佩著這一切。」[2]

五年後的一篇文章裡，艾瑪描述，現在她對生命有種強烈的感激之情，並對以前不會多注意的「小東西」敬畏不已。她描述：「平凡的東西忽然都看來不可思議。……你學會細細品嚐你擁有的，而不是像從前那樣渴望你沒有的。」她也描述自己享受「那些稍縱即逝的小時光。……有時最讓我們快樂的，其實是那些最簡單的東西。」[3]

我聯絡了艾瑪，想知道距離她寫下那篇文章七年、那場經驗十二年後的今天，她是否還有這樣的視角。她如此回答：

是的，它從來沒有消失。十二年前的經歷，成了我整個人生的框架。人生繼續前進的同時，它也逐漸結晶。它讓我能以正面的方式重新建構一件事。我可能某天過得很糟，然後我會想起自己差點就沒有今天可活了。我會看看頭上那片美麗的藍天，這樣就夠了。每天都是額外的獎品，無論那天我碰上了什麼，所以現在我比以前放鬆很多，也很少為小事煩心。無論發生什麼

事，都不會比我在阿富汗遇到的更糟了

我認為經過那件事，我的確更有韌性了。在那之後每一次遇上大事——失去我爸、失去最好的朋友、被裁員、現在的疫情——我都感覺已經更有能力面對，每次都能堅強度過，沒有崩潰。好像十二年前那件事之後，我已經知道什麼狀況我都能應付。總會找到辦法熬過的。

我還是會有那種小孩般的驚嘆。就算生活很忙、壓力很大，也永遠都找得到歡笑和驚嘆的空間，每天都找得到。重點是看出那些空間。

我的生活方式沒有因為那件事而發生重大轉變。我並沒有轉換跑道，或把所有家當都捐給慈善團體。但我的觀點變了，這我絕對確定。改變在於學會珍惜生命，學會欣賞構成生命的那些簡單小東西，包括與人的關係。還有找到歡笑。

癌症

某方面來說，像艾瑪、東尼一樣經歷單次生死經驗而轉變的人特別幸運。他們走過鬼門關的經歷突然而短暫，卻帶來了永久的蛻變。一度面臨死亡威脅後，他們重獲健康，而且終生都保有增強的覺察。

當人們罹患癌症時，死亡的威脅則當然是持續的。死亡的陰影盤旋不去長達數月、數年。癌症也造成持續的疼痛與不適，且經常由於化療等療程又更加難受。因此，癌症通常是一段漫長的可怕磨難。但**正是**這一點，使癌症具有極高的靈性潛能。

同樣地，我們可以從研究中發現癌症與創傷後成長有高度關聯。事實上，癌症似乎是所有疾病中最容易帶來創傷後成長的一種。心理學者露珊娜·卡斯納（Ruthanne Kastner）創造了「欣欣向榮」（thriving）一詞來形容某些乳癌患者的經驗，她們表示自己如今活得更真誠、更有責任感，能以更接納的態度看待死亡，靈性感受力也提高了。[4] 其他一些對癌症患者的研究，還點出包括關係改善、自信提高、靈性程度提高、更能欣賞生命等變化。[5]

我在《衝破黑暗》一書也探討了數個癌症相關的混亂中蛻變案例，故此處就不細述這一類案例了。但我希望補充幾個我在該書完成後碰上的例子。

其中一例是我朋友珍妮·梅特卡夫（Jane Metcalfe）的故事。她四十出頭時，被診斷出罹患了子宮頸癌。那正是她生活忙亂、和伴侶關係不順的一個時期。發現罹癌促使她重新審視自己的人生。她告訴我一段話，清楚說明了走過生死關頭——或其他心理混亂——如何能導致心理依附消融和小我崩解：

我在電話上聽說，我得了第二期子宮頸癌。聽到這消息讓我好像被拆解了一樣。我一放下電話就開始想：「癌症。為什麼會是我？」下一秒又想：「那為什麼不會？」就在一瞬間，我徹底翻轉了。我知道我本來認同的那個女人——那個總是為了唱歌和教書工作在倫敦和南部海岸兩頭跑，一面還要照顧家裡的小小孩和麻煩伴侶的女人——已經不是「我」了。我看見自己的人生在旋轉，無數的線繞著某種捲軸瘋狂地擺動。然後我看見另一個我的畫面——我是一隻旅鼠，跟著鼠群一起全力衝向一個懸崖。雖然很怪，但那恰是我人生的象徵。

可是我內在一個更龐大的部分現在站出來了。明白這點後，旅鼠的我就立刻緊急剎車，轉頭對著鼠群。我瞬間充滿了新的能量。我不再覺得麻木了，我覺得朝氣蓬勃、活力無邊無際。

從那時起，珍妮開始過一種更靜、更慢的生活，跟隨直覺，不再跟隨小我心智的要求。她的癌症進入緩解期（remission），而她相信病情能夠好轉，是因為她擁有了忠於自我和自我協調的感覺。她離開她的伴侶、將工作暫停，開始一趟持續至今的自我探索之旅。她告訴我：「得癌症這件事，使一個完整、明亮、真實的我終於顯現。多年來我隱約瞥見過它，但基本上都置之不理。只有當我把一切完全交到它手裡，事情才開始永遠改變。」

珍妮的故事，也突顯了癌症與混亂中蛻變的奇特面向之一：有些例子裡，人們一得知罹癌便**立刻**蛻變了，完全沒有經過調適或接受的階段。聽聞自己罹患重症、性命垂危，結果馬上轉變進入自由喜悅的狀態。這乍聽之下似乎頗為矛盾，卻是許多人實際出現的反應。最好的例子是我在《衝破黑暗》裡描述的艾琳（Irene）。診斷出乳癌的隔天醒來，她的世界就徹底變了。她升起對生命的強烈感激，對周遭一切的覺察增強。她回憶她能看見「樹木散發出一股能量」，並體會到「巨大的連結感。」[6]

艾琳的癌症幾個月後進入緩解期，然而十三年後復發，導致了她的死（這是《衝破黑暗》出版後的事了）。她過世前不久，我還和她有聯絡。她對於這十三年能在覺察增強、懷抱欣賞的狀態下度過，心中充滿感謝。雖然以現代人的壽命來說她的一生很短暫——過世時才五十出頭——但她覺得自己極其有幸，曾活得那麼濃烈飽滿。[7]

我準備動筆寫這一章的那天，聽聞了印度演員伊凡．可汗（Irrfan Khan，曾演出《貧民百萬富翁》〔*Slumdog Millionaire*〕、《少年 Pi 的奇幻漂流》〔*Life of Pi*〕等諸多電影的明星）去世的遺憾消息。他享年五十三歲，診斷出罹癌已經兩年。這是個奇異又令人難過的巧合，因為我原本就打算在這章書寫他的故事。發現癌症後不久，得知自己可能來日無多的伊凡，曾在一次訪談中述說他生命觀的轉變：

> 那讓我進入一種狂喜狀態。……就算練習冥想三十年，我也不可能到達那種境界。……這次震驚卻把我帶上了某塊平臺，從那裡看事情可以看到完全不同的一面。對於這件事，我真的由衷感激。

沒有人可以確保自己的生命。我的腦袋也許一直叫我在脖子上掛個小牌，寫著：「我得了某某病，我剩下幾個月還是一年、兩年可活。」但我也可以選擇不談這件事，繼續過我的人生，用生命給我的可能性。可能性何其多。我承認以前我是矇著眼在走，看不見生命給我什麼。……像道閃電，一切乍然清晰。你不再沉思、不再規劃、不再聽那些雜音。你看到了另外一面。生命給你的何其多。你擁有的可能性何其多。所以我才覺得我要說的只有感謝。沒有別的話語、沒有別的要求、沒有別的祈禱。8

當我們討論像伊凡或艾琳這樣的案例，必須拋開一種成見，就是認為死亡一定是悲傷慘痛的經驗。即使一個人死時還很年輕，潛能也還沒完全發揮，他們依然能夠以自在接納的心境離開人世。

我們對死亡的態度取決於我們的意識狀態。處於自我中心的模式時，我們會恐懼死亡。死亡臨頭會令我們產生焦慮、苦澀、後悔的情緒。我們覺得死亡悲慘至極，因為它將奪走我們累積和依附的一切。當我們將自己擺在宇宙的中心，自己的死也就意味著全宇宙的終結。

然而，一旦人經歷靈性覺醒，就很少或完全不會恐懼死亡。事實上，覺醒的人們通常覺得有某種形式的「死後生命」存在。他們感覺到自己內在有某種靈性的本質，似乎超越肉體，到了身體和大腦停止運作後也不會熄滅。覺醒的人們也並不覺得自己是宇宙的中心，因此他們瞭解個人的生死不等於一切的開始和終結。他們知道少了自己，世界和人類仍會繼續下去，而某方面而言，自己生命的精髓亦會透過其他人和其他生命形式繼續展現出來。覺醒的人可能並不**想**死，因為他們覺得還能為世界貢獻更多，或者還有更多創造或靈性潛能尚未發揮。但當死亡來臨時，他們會無懼無悔地接受它。

艾琳和伊凡顯然就屬於上述這種情形。被診斷出罹癌，觸發了他們的靈性覺醒，使他們有能力平靜坦然地面對死亡。

瀕死經驗

想像有一天，你像艾瑪或東尼一樣面臨生死關頭。**不只如此**，你還有段奇異的體驗：你離開身體、穿過宇宙、飄向一道清澈的柔光，也許還遇見光中的人或已故親人，而且從頭到尾都被深沉的喜悅與平靜包圍。換言之，你經歷了瀕死經驗。走過生死關頭的靈性潛能普遍都相當高，然而瀕死經驗的靈性潛能又還要再更高些。事實上，瀕死經驗或許是人可能經歷的所有**單次**（相對於長期痛苦處境，如監禁或失去親友）經驗中，靈性潛能最高的一種。

走過生死關頭的人，只有一小部分會發生蛻變；人在瀕死經驗後，則很少**不**發生某程度的覺醒。沒有發生覺醒的案例，通常是由於瀕死經驗與當事人的現實觀太過衝突，導致他們抗拒並壓抑該經驗。從當今文化的物質主義典範來看，瀕死經驗確實很難解釋，因此時常令當事人困惑不已，至少在發生之初是如此。一項研究發現，五七%的人害怕談論自己的瀕死經驗，二七%的人至少長達一年未將此事告訴任何人。[9] 然而多數案例中，最初壓抑瀕死經驗的人，後來也會進入接納和整合的過程。一旦完成接納和整合，這段經驗就會為他們帶來根本的改變。

研究一再顯示，人們經歷瀕死經驗後，觀點和價值會有重大轉變。他們變得沒那麼物質主義、較富有利他精神。他們覺得更欣賞自然和與之相連，對他人感到更多愛與同情。他們對周遭環境的感知更鮮明了，對美的意識也更敏銳。有些人甚至表示自己逐漸擁有了心靈能力（psychic abilities）。很多人開始前所未有地享受孤獨和發呆。簡直好像這些人前半生都以「做」的模式度過，現在卻轉換到「**在**」的模式生活了。用研究瀕死經驗的荷蘭學者皮姆．范．洛梅爾（Pim van Lommel）的話來說：「這種短短幾分鐘的經驗竟能造成如此長久的蛻變，實在叫人驚訝又驚喜。」[10]

以上提到的這幾點都是清醒狀態的特徵，這也告訴我們，瀕死經驗經常能引起靈性覺醒。

我並沒有針對瀕死經驗作過研究，但在研究靈性覺醒和混亂中蛻變的路上，也遇過一些非凡的瀕死經驗案例。以下分享的就是其中兩個我遇過最震撼的故事。

「我的生命因此有趣多了」——戴維的故事

戴維．迪曲菲爾德（David Ditchfield）四十歲時是個不成功的音樂家，在各方面都深感失敗受挫。依他所述，他當時「追著類型不對的目標」而覺得格格不入。就連情感關係上，他也覺得一直「追著類型不對的女人」，她們其實並不適合他。他沒有任何文憑，已經許多年做著枯燥的勞力工作，可是感到自己天生就不是那塊料。他覺得沒有發揮、不扎實，又為了蓋過空虛和無法融入的不安全感，喝酒喝得很兇。

戴維完全沒聽聞過靈性或瀕死經驗。他和神秘世界的唯一接觸，是有次他跟著兩個朋友去看一位靈媒表演。演出中，靈媒從人群中挑出他，告訴他說，他的人生即將發生巨大的變化。

幾個月後，靈媒的預言成真了。那天，戴維去劍橋附近的一個火車站送朋友。因為要幫朋友拿行李和跟她道別，戴維也上了火車。但下車時，他的長大衣被關上的車門夾住。無法掙脫大衣的戴維，驚覺自己被開動的火車拖著走。火車逐漸加速，他被沿著月臺拖行，「像個布娃娃被又拋又甩。」然後他被吸進火車和月臺間的縫隙，最後落到了鐵軌中間，火車就在他正上方疾馳。

儘管處境如此驚險，戴維卻異常冷靜。為了提高活命的機率，他盡可能在鐵軌裡往下擠，緊緊貼地。最後一節車廂從上方通過，他感到一陣喜悅湧出，知道自己活下來了。但他開始意識到劇烈的疼痛。他發現大衣左邊袖子已被撕成碎片，然後看見他的手從肘部斷了。但他沒有感到震驚或慌亂，反而很超然地對自己說：「原來手臂裡頭長這樣啊！」然後好奇地看起他的神經、血管、肌肉。監視器畫面顯示，從火車開始移動到駛過戴維上方，總共只經過了十三秒。但對他來說，時間擴展成無比悠長。那十三秒感覺有幾小時那麼久。他告訴我：「一切都以夢一般的慢速展開。我感覺到彷彿不屬於人間的絕對冷靜。」

戴維的朋友安娜看見意外發生，按下了緊急鈴。列車完全停止後，她對車上的人說她想為戴維祈禱。有位坐在她附近的女士表示自己是基督徒，可以帶領禱告。車廂裡的所有人都一起為他祈禱，戴維說他感受到了他們祈禱的能量。「我好像可以感覺到我被支持著，那股能量在幫助我，讓我保持冷靜。」

醫務人員將戴維火速送往醫院，他由於失血嚴重，命懸一線。抵達醫院後不久，他就失去了一般意識。突然間，他發現自己置身完全不同的地方，浸沒在一片看起來溫暖柔和的黑暗裡，身邊有些鮮豔的顏色和光。他的痛楚消失了，感覺十分寧靜。戴維告訴我：

我看到顏色在脈動，像小小的圓球，比我在日常生活看過的所有顏色都還更亮、更銳利。看那些小球非常放鬆、非常療癒。那裡真的很美很美，而且感覺我被照顧著、被支持著。我心想，這一定就是死的感覺吧。然後我想到，不知道這是不是代表我死了。

我意識到的下一件事，是我躺在一塊大石板上，幾乎有點像中世紀祭壇。石版很硬，但很舒服。我猜我是在某種房間裡吧。我身上的每處傷口都完全好了——我的手沒斷、沒有瘀青，也沒有疤痕或血。然後我往上看，看見有三格純白的光照著我的眼睛。我無法轉開視線。雖然光那麼亮，卻一點也不刺眼。

我忽然意識到腳邊有個東西——一個「光人」，沒有性別，有純白的皮膚和一頭金髮。它帶著明白一切的微笑看著我。我感到不知怎地，它已經認識我一輩子了，就像那是我的靈魂伴侶一樣。我能感覺到它散發出無比安心的力量。我把頭靠回石版上，意識到還有兩個人形在旁邊，同樣散發出那種無條件的愛的氛圍。它們比較陰性，膚色更暖、更暗一點，像是美洲原住民的膚色。它們好像在幫我為什麼事情作準備，但我不知道是什麼。它們開始展開手，拂過我身體的不同部位，好像在用某種奇異的強大能量治療我。愛的感覺向我湧來，淹沒了我的全身。我覺得它們好像在治癒我的靈魂。那就彷彿把你一生中得到過的所有愛，從你媽媽到你養的貓到你伴侶給的全部都濃縮起來，放進那些光人手裡。

愛的感覺又變得更強烈，我看向腳邊，發現有個巨大的光之隧道在向我接近。我覺得——我現在還是這樣相信——那道白光是萬物的源起。我作夢也想不到世界上有這麼美的東西。就像我之前看到的格子，光亮得讓我什麼都看不見，但不刺眼。那就是起源，宇宙的開端。它被一些旋轉的火光繞著，有黃、有紅、有綠，那些顏色也漸漸變成中間的白光。那道光就是無條件、純粹的愛。

我身體的每個小分子都隨著愛和光跳動著。那是種最不可思議的感覺。我從來沒這麼有活力過。感覺就像我終於經歷到了真正的現實，以前的舊世界只是幻覺而已。

那個時候我已經很確定我死了，但並不覺得害怕或遺憾。我想到我的家人。就在我得到這麼多療癒的同時，他們一定在醫院裡傷心焦急。但我並不覺得愧疚，因為我知道總有一天，他們也會嚐到這美妙的寧靜安詳。

我很好奇現在能不能看見他們，依稀覺得舊世界應該在底下的某個地方。我轉頭，越過石版邊緣往下看，想著也許會看到醫院。結果我卻看到一條浩瀚的星瀑——星辰傾瀉而下，閃閃發亮。我繼續望向底下，看見一個又一個星系無限延伸。我這才發覺我不是躺在一個房間裡，而是在星空中。我再次抬眼看向那道耀眼的光，霎時發現我感受到的所有愛——那些光人手中的愛，那些顏色、黑暗、星瀑中的愛——都是來自那道熾熱的光。

就在那時候，我把頭靠回石版，笑了起來，因為我實在太快樂了。突然間，我又回到醫院，被瘋狂的噪音和光線、人群、激動的說話聲包圍。我正被人們急速推進手術室。

戴維脫離了生命危險，經過一場八小時的手術，以保住他的手臂。他的會診醫師為他恢復的速度感到驚奇。戴維相信那是因為他遇見的光人幫助他的緣故，它們還在持續灌注愛和能量給他。

就像那場意外本身，戴維的瀕死經驗於外界而言可能只有短短幾秒，卻深刻且永久地改變了他。新能量與愛的感受持續留在他的內在，他覺得彷彿重獲新生，活得更豐富、更充實。他發現自己創造力泉湧，開始以一系列繪畫，描繪他在瀕死經驗中的所見。他也開始作曲。以前他在流行及龐克樂團當過吉他手，現在則開始創作古典交響樂曲，作為表達他體驗到的不可思議平靜的另一種方式。

這些改變一直維持至今，已超過十四個年頭。戴維這麼向我總結那段經驗的效應：

> 我現在覺得我活在不止一個維度裡。我變得敏感許多，可以接收到某個場域或某個人的能量。我的生命因此有趣多了。我參與在各種各樣的事物中，傳遞著各種各樣的想法。我有種樂觀和信任，覺得每件事發生都有理由、屬於一個更大的秩序，大部分都只要順其自然就好。
>
> 我欣賞自然的能力比以前高多了，現在我覺得世界很美。我喜歡看動物和昆蟲、觀察季節的變化。那段經驗發生前，我太沉浸在自己裡頭，那些東西對我來說根本不存在，它們就是在那裡而已。

我和人的關係也變了。我比較能體諒人，而不是對人感到失望。我現在更宏觀地知道人是怎麼運作的。這件事也幫助我更能支持身邊的人。

我周圍的人也知道我已經發生巨大的改變。我告訴我父母這段經驗的時候，我媽媽說：「我們之前就覺得你一定怎麼了。自從那場意外，你整個人簡直像會發光一樣。你好像會散發出一種柔柔的光芒，照著旁邊的人。」

當我問戴維，他覺得有沒有可能那經驗只是一場極精緻的幻覺，他堅決認為不可能：

那整個過程都極度真實，就像我們現在坐在這裡一樣真。我們都能察覺夢，知道那不是真的，但我的經驗完全不是那麼回事。它其實比我們平日的經驗還更真更真，不是反過來。我當時覺得我整個肉身也都在那裡。但即使是夢，我也不會在意。從那時起，我的人生就都環繞著那段經驗。為了描述它，我開始畫畫和寫古典樂。我對它的真實性從未有一丁點懷疑。

戴維強調的最後一點非常重要。幻覺是沒辦法造成人生改變的。夢有時可以清晰鮮明、富含意義，但即使夢對我們產生效果，通常也消散得很快。可以永久改變我們人格和人生觀的夢少之又少，或根本找不到。幻覺或夢並不會使人的價值、觀點、生活方式發生轉變。它們也不會引起永久蛻變，促使舊小我消融，讓一個潛在、更高的靈性自我誕生（另一方面，靈性覺醒有可能於睡眠時發生，並以驚人的夢被展現出來。我們在下一章就會檢視兩個這樣的例子）。瀕死經驗可以永久徹底地改變一個人。假如只是幻覺，是無法產生此種效力的。

「心中的光變得更亮」——柴克的故事

底下這個故事特別引人入勝，因為它除了涉及瀕死經驗（而且是兩次），也是一個因癌症走過生死關頭的例子。這兩件事共同催化了柴克（Zak）的蛻變，因此他的靈性覺醒特別強烈。

柴克的故事還有一個特點：與本書大部分蛻變者不同，他在蛻變前就對靈性感興趣。他追尋靈性已經幾年，練習冥想也很久了。但就像第三章阿南塔的入獄經驗一樣，柴克的生死經驗讓他從追尋者搖身一變成了尋獲者。

柴克有段坎坷的童年。他父親是巴基斯坦人，母親是一位英籍白人女性，在他和姊妹小時候就拋棄了他們。爸爸以嚴格的伊斯蘭教傳統教養他們長大。柴克再也沒見過他母親。

大約三歲時，他得了腦膜炎，差點死去。事實上他似乎真的死過，至少死過一小段時間。他不記得生病的細節，但多年後聽父親說，那時醫師說他大概撐不過去，他們找伊瑪目（imam）[11]來為他進行了臨終儀式。然而，柴克清楚記得他的瀕死經驗：

我在一條隧道裡，感覺到有兩個存在分別在我兩邊肩膀上。我記得我覺得輕飄飄的，暈頭轉向，不知道我在哪裡。遠遠有個光的小點，很亮，吸引了我的注意。

我往前飄，朝光接近，越靠近，光就變得越大。我和那兩個存在似乎有某種溝通，但我不知道是怎麼溝通的、說的是什麼。它們好像在引導我去光那裡。

我進入光，感覺就像進入了超乎想像的無條件之愛。我感覺自由自在，沒有一點缺陷，就那樣沐浴在光中。那裡沒有內外之分，但我還是知道我的邊界在哪裡，雖然我已經不再是一個身體。

我唯一想做的就是繼續待在光中。沒有事要急。光同時在我之內與之外，而且有它自己的意識，展現在內也展現在外。我在光裡待了大概十五分鐘吧，然後察覺周圍還有其他人和我共享著光。我感到一陣醋意，不想和他們分享光，總覺得那應該只屬於我。

這些感覺一出現，我就覺得不能再待了。我很傷心，很不想走，但感覺別的地方有什麼未完的事在等我。我開始意識到有不能不做的事。我不想離開光，想無視那種感覺，但它不讓我無視。我感到我別無選擇，只能回去。

我真是千百個不願意，但最後，我發現我被硬是拉回那條隧道。我記得的就是這些了。

柴克沒把這件事告訴父母或任何人。他直覺知道大家都沒發生過這種事，開始變得內向，覺得自己不一樣。那段經驗漸漸退遠，成了無意識的記憶。他甚至忘了自己得過腦膜炎、差點病死。事實上，一直到許多年後他讀了一本關於瀕死經驗的書，問了父親並查了自己病歷，才再次想起這段經驗。但柴克說：「它自始至終都在背景中。那是一次根本性的改變。內心深處，我直覺知道還有別的什麼。但雖然確定，我也知道不能談。沒辦法從外在證實。」

柴克在成長過程中並不快樂，也無法融入群體。他對生命生氣，感到自己和大家不一樣，因為他知道除了日常現實，生命還包含別的什麼。身為歐亞混血、覺得沒有歸屬，又加深了他的疏離感。有段時間他試圖藉派對狂歡來逃避挫折，後來大學他決定攻讀心理學和哲學。「我在尋找解答。我覺得被背叛了，所以想找到真相。」

進到大學沒多久，就在他非常憂鬱、考慮尋短的時期，柴克有過一次震撼的覺醒經驗：

我正走向大學的主建築，拐過一個牆角，望向一棵吸引我注意的樹。樹在發光。它實際有層外殼，是超乎想像的清澈光芒，美得令我忘了呼吸。我感到我和那光是一體的。樹就那樣閃爍著璀璨的光輝。大約有三十秒，什麼都不存在了。但對我來說，感覺就像是一串永恆的瞬間。

> 那棵樹位在一個人車熙攘的圓環，但來來去去的人車都消失不見了。過了三十秒吧，平淡的生活又重新歸位。但一切都已被那段經驗改變。我有股發麻的感覺。那經驗把我從夢中喚醒，看見了威廉·布雷克（William Blake）等詩人描繪的真相。它徹底顛覆了我看世界的方式，催化了我的轉變，從原本的意識層次移到另一個意識層次。

第二學年，柴克有機會赴美修讀。他在美國和一位靈性追尋者成了朋友，透過友人介紹，認識了佛教和蘇菲派（Sufism）[12]思想。他如饑似渴閱讀大量靈性書籍後開始練習冥想，後來決定茹素。自那時起，靈性成了他生命的主軸。回到英國時，家人覺得他整個人都變了，無法理解為什麼。

大學畢業後，柴克和妻子搬到英國其他地區居住（他父親和繼母擔心他會去美國永遠不回來，因此很快幫他安排了婚事）。他開始擔任大學心理學講師，同時投注許多時間在冥想和他的興趣所在：靈性（就是這陣子前後，柴克於附近圖書館翻到那本瀕死經驗的書，回想起小時候的經驗）。

到了二〇〇九年——那時他和妻子已好聚好散——柴克開始生病。他腿部浮現從膝蓋延伸到腳踝的嚴重瘀青。他全身上下彷彿故障，出現包括脾臟腫大、心悸、大量出汗、呼吸困難、劇烈疼痛等症狀。最後，他被送進醫院，發現自己患了急性骨髓性白血病。

治療癌症期間，柴克又經歷了一次瀕死經驗，他本人更喜歡的說法是「有知覺的死亡經驗」

（conscious death experience）。依據在醫院探望他的友人所言，觸發瀕死經驗的緊急狀況共持續兩到三分鐘，但對柴克而言似乎有幾小時之久。那段時間裡，他經歷了一連串改變他人生的奇異體驗：

我正坐在床上，在和我朋友說話，心情非常輕快。毫無預警地，我感到有股鋪天蓋地的磁力從後腦勺中央把我往內拉。那股力量強到極點，我知道再抵抗也是白費力氣。與此同時，我兩眼一翻，呼吸變得極度短促，開始不自主地大口喘氣。

我聽見我朋友慌亂叫著我的名字。聽到她衝出病房的同時，我的意識被拉進內部。我試著辨認我究竟到了什麼地方。感覺像在黑暗之中，躺在非常鬆軟的雲上。黑暗中可以看見閃閃的小銀光。有一種全面的平靜感，某種超越邏輯、完完全全接納我的平靜。感覺舒適自在。我開始沉進雲裡，一面往下沉一面心想：「穿過雲之後會怎樣？會掉下去嗎？」

當我穿過了雲，我發覺我在另一朵雲上。我聽到遠處朋友的聲音在走廊上喊著：「護士！護士！」但我的心情絲毫不亂，只有全面的平靜。我發覺癌症的痛不見了。我在黑暗中飄浮著，繼續沉進一朵又一朵雲，很美好、很輕快地飄浮著。那是一種不可思議的感覺。

我已經察覺不到醫院、聽不見我朋友的聲音了。然後我發現，我的身體不知怎地開始溶解。我感覺腳趾在溶解，像通過沙漏的沙。但我覺得好平靜，一點也不擔心，只是好奇這是什麼情沉。腳繼續溶解，現在到了膝蓋。我感覺到無邊無際的自由，意識到我已經沒有實體了。我雲霧似地向四方延展，沒有任何痛苦或限制。

我突然想到該看看周圍，弄清楚我在哪裡。長期練習冥想，你會很習慣探索自己的內在空間。但我認不出身在的地方。於是我潛入腦海，搜尋最後的記憶。我能感覺我的注意力從心移向腦，到了那概念所在之處。但我找不到醫院的概念，那裡空空如也。照理說我應該嚇壞了才對，但我並沒有。

家人的概念進到意識中。對喔，家人。但我的家人是誰？我想不起來。概念在紛紛溶解。我鎖定性別的概念，但無法指出我的性別。我也找到種族和宗教的概念，但說不出自己的種族或宗族。我試著回到家人，但那概念已經溶解了。所有概念都溶解了。但我依然存在，而且擁有全面的平靜。

正當我一面往下沉，一面享受著自由平靜的感覺，我聽見有個聲音高亢地說：「柴克！小心點！」，嚇了我一跳。我到哪裡了？要小心什麼？我忽然發覺我即將越過一條線——不是實體的線，而是某種分界。我試著尋找轉圜餘地，我想留在平靜裡，我不想那麼快走。現在在這裡不必忍受癌症的痛。

時間跳到下一刻，又是一聲更急更響的「柴克！」。我漸漸適應這個地方，發覺那條界線已離我不到幾公分了。我意識到，過了那條線就回不來了。

我沒有作任何反應，再次進入平靜。我意識到我已經過了那條線，同時周圍的密度變了。這是一個不同的空間，環境的振動現在非常隱微。我沒有經過任何認知的過程，就是單純知道而已。

我能感覺這個環境的運作原理不同，更容易起反應。我有點錯亂，正在試圖釐清狀況，突然感覺到一波能量從應該是我左邊的方向傳來。波通過我的時候，我感到氣恨、暴怒、發狂。我轉向左，看見彷彿千里之外的地方有個紅色帶狀的能量結構。我有點戰戰兢兢。

我正在端詳，又感到另一波能量從右邊傳來。那道波通過我時，我感到原諒、包容、歡迎。它是藕荷色、紫色、丁香色，來自另一個也像在千里之外的能量中心。我感覺我的能量中樞和這個能量中心在彼此靠近，但與我自己的意志無關。我好像被我心的中央，也就是我的能量中樞拉著走。

隨後的事我不記得。我的下一段記憶，是道清澈、明亮的光。那道光有某種特質，不同於我冥想時或第一次瀕死經驗見過的光。它純淨得不可思議，我立即明白這種純度不存在於日常世界。沒有一絲雜質，那麼純淨，那麼親切關愛，我的整個存在都因為感激而哭泣。清澈的光灌注了我全身，讓我意識到自己多麼多麼渺小。不可思議的溫柔包圍我。也許最適合的比喻是像剛出生的嬰兒躺在母親懷裡，頭枕著她的手，躺在最輕軟、最溫柔的懷抱中。就是那種感覺再加強幾千倍。那道光輕觸著我。即使十一年後的現在，我還是對那段經驗無限感激。

然後我感覺自己在往上移動，就像高速升上一口豎井，時速一百二十、一百三十公里。黑暗逐漸稀薄，彷彿潛水的人從湖底浮上來，看見光束透進漆黑的湖水。我感覺我被水平舉起，重新融進我的身體。就在這時，分秒不差，我又兩眼一翻睜開了眼睛，覺得自己好像正在和身體固定。我知道我沒事了，伸手去摘氧氣罩，旁邊的醫生和護理師趕忙跑來叫我把面罩戴好。

大約過了四小時，我的心思才終於回來。然後又過了三週，我才比較能掌握這段經驗。為什麼我會被推回來呢？我想留在那裡，卻不得不回來。我很生氣不得不回來。

經過數個月的治療，接受了不下五十次輸血，柴克的癌症總算進入緩解期，然而也留下許多後遺症。他多年來都有慢性疲勞的症狀，導致一次跌倒時背部骨折。他有一陣子陷入憂鬱，每天必須忍受骨頭的疼痛。癌症也導致他一隻眼睛部分失明，並且腸胃敏感、身體脆弱。

儘管健康問題始終存在，柴克仍非常感激瀕死經驗和生病帶給他的禮物。他告訴我，如果他有朝一日寫書，書名要取為《癌症的禮物》。因為那場病和與面對死的經驗，他完成了靈性追尋之旅，進入他稱作「持續活在靈性中」（spiritual abiding）的狀態。

柴克如此總結他經歷的轉變：

它從根本上改變了我。在這個世界，我們追逐著地位、財產、表面真相，但這些東西其實一點意義也沒有，除非它們扎根於你心中的真實。根據我自己的經驗，我覺得所有靈修方法歸根究柢都是心的蛻變。如果我明天就死了，唯一能永久的或真正重要的只有我心裡的東西。

我經歷了某種擴大，好像我心中的光變得更亮。我有時會頭痛，有時會生氣，但那些都沒關係。那道光始終都在，從我心中透出來，它始終與我同在。

整個宇宙都是從那道光衍生而來。沒有那道光，一切都無法存在。我察覺的真相之一，就是真實並不包含固定的實質。唯有那道光是「真正的真」。我也又察覺了其他真相，說不定還有更多在等著。現在這已經變成一種拓寬、拓深的過程，而且永無止盡。

本書準備出版時，我接到來自柴克的聯絡，聽他說經過九年的緩解期，他的癌症又復發了。在我寫下這段的同時，他剛完成第一輪化療，仍需定期輸血。他感覺疲憊虛弱，疼痛會間歇發作，然而他一直保持著冷靜接納的狀態。他告訴我：「我相信這宇宙。無論發生什麼，我都能欣然接受。」

清澈的光

戴維和柴克的故事，不僅是了不起的靈性覺醒故事，也令人鼓舞地展現人類心靈在巨大痛苦前的不屈不撓，更對現實的本質拋出一些耐人尋味的問題。他們經驗中最引人注目的兩個面向，是他們都感知到一道清澈的光，以及極度喜悅平靜。他們兩人都形容這道光不會刺痛或灼傷眼睛，卻比世間任何光更亮、更純淨。這道光既是內在的，也是外在的，瀰漫至所有空間，並且浸沒他們的存在。而光浸沒他們時，戴維和柴克皆感受到壓倒性的愛與喜樂。比如戴維說到：「那道光就是無條件、純粹的愛。」此外，他們兩人都將這道光描述為某種根本性質。戴維形容它是「萬物的源起」，柴克則認為「整個宇宙都是從那道光衍生而來。」

事實上，多數有瀕死經驗的人，都敘述看見清澈的光及感到極度喜悅。若深入這些議題恐怕會超出本書範疇，但我深信就如戴維和柴克所述，那道清澈的光**確實**是宇宙的根本性質。我在《靈性科學》（*Spiritual Science*）這本書中描述了「泛靈論」（panspiritism）的思想。泛靈論認為，現實的核心中存在著一股根本的靈性力量，瀰漫於一切空間與物質、包括活著的人之內。這股靈性力量——我有時稱之為「根本意識」（fundamental consciousness）——造就了物質世界，一切實質皆從中誕生，就像植物從土壤中誕生。這份根本意識或靈性具有某種清澈光芒的性質，如同星辰般放射出清澈的光。

印度思想中，此一根本意識被稱作「梵」，它是瀰漫於天地間、光芒萬丈的靈性力量，也構成人們的內在精神「阿特曼」（atman，或譯梵我、真我）。《薄伽梵歌》（*Bhagavad-Gita*）中這麼形容梵：「若天上乍然出現一千顆太陽的光，也許可以比擬那至高精神的輝煌。」[13] 類似地，十三世紀基督教神秘主義者艾克哈特大師（Meister Eckhart）相信終極真實並非上帝，而是本質為光的「神原」（the Godhead）。至於上帝，則是神原散發出的產物。艾克哈特大師相信，人類靈魂的本質也是光，就好比阿特曼在本質上和梵相同。因此他認為人和上帝合一，即是光與光的相融。

一般覺察狀態下，我們感覺不到這份根本意識和它的光、愛、喜樂等性質。受限的覺察狀態甚至可能誤導我們，令我們覺得世界是個冰冷空蕩、甚至充滿敵意的地方。但在瀕死經驗（及覺醒經驗）中，我們的覺察遁出了心智的過濾結構。就好像有個罩子被掀開，使我們窺見了宇宙最根本的真實。它具有如此無法抵擋的真實性、力量與意義，以至於窺見過它的人都會永遠蛻變。

戴維和柴克的敘述還有一個面向非常吸引人，即他們都遇見了某種奇異的存在。在戴維的經驗中，這點有很高的重要性，他遇見一個光人和另兩個膚色較深的人形，它們用手拂過他的身體治療他。柴克在第二次瀕死經驗中未遇到任何存在，但他三歲左右的那場瀕死經驗裡，他察覺有兩個存在引導他朝向一道光去。他也察覺周圍有其他人和他共享著光。（有趣的是，他記得感到吃醋、希望光專屬於他。這可能反映了幼童的自戀。）

如同光、愛與喜樂的感受，這類存在也是瀕死經驗的典型特徵。若我們能接受瀕死經驗並非幻覺，就必須認真看待一個可能性，即：它們是世間確有的實體，但唯有在覺察變得比平時鮮明遼闊時，人們才感覺得到。

五個天使

我們不禁猜想，這些光中的人會不會就是天使概念的源頭？特別是戴維描述了一個發光的白色人形，很接近天使的形象。最後，我想就用一個與此相關的故事來作為我們這一章的結尾。此案例中，看見光人的是短暫死亡的目擊者，而非當事人。嚴格來說，這是一個失去親友而蛻變的案例。但由於涉及戴維、柴克遇見的這一類存在，在這裡一併討論似乎很合適。

二〇一六年，十五歲的娜塔莎．艾南－拉波茹絲（Natasha Ednan-Laperouse），因誤食一份三明治引發過敏反應，不幸死亡。娜塔莎死去時，她父親納丁（Nadim）陪在她旁邊。醫務人員試圖為她進行心肺復甦，娜塔莎的意識曾短暫恢復幾秒，但沒多久，心跳又減弱了。就在那時，納丁抬起頭，看見有五個發光的人形——他馬上認為是天使——圍著他女兒的身體：「那五個天使忽然憑空出現了，同時出現了一道黃光，很強的柔和黃光，比較接近燭光，但真的很強。」他描述這些人「大概有二十公分高，不是文藝復興畫裡那種圓嘟嘟的小孩，也不是梵蒂岡那種羽翼天使，比較像實際的人，全都一面盯著我、一面圍著娜塔莎移動。」他直覺感到它們是來帶走女兒的，那就表示她要死了。他揮手去趕它們，喊道：「她還不該死呀！」它們消失了。就在那一刻，娜塔莎斷氣了。

納丁是無神論者，因此看見那些天使格外令他吃驚。他也非常肯定那不是幻覺。他自己的說法是：「我是最不可能產生幻覺的人。我從來就不是那種體質或性格。我遇到危機或壓力總是很沉著堅定。編這種故事對我又有什麼好處呢？」

喪女幾個月後，納丁經歷了另一次震撼的經驗。他發起了一項改善食品標示的運動，希望能惠及其他過敏者。某日，他聽說英國當時首相德蕾莎·梅伊（Theresa May）決定支持他們。他被感激之情充滿，不禁哭了起來。他描述：「突然，整個房間亮了起來，像有人開了一盞燈，但不是普通的燈。柔和的黃光又出現了，就是我看見天使時看過的那種。我真的嚇到了，我還記得自己心想：『老天爺！這是怎樣？』我一想，光就熄了。」[14]

對納丁而言，這些經驗——當然還有喪女的創傷——使他徹底蛻變了。他發現過去他是個傲慢而自我中心的人，專注於成功和獲利。蛻變後的他謙卑、開放多了，也遠比以前關愛他人。有時候，當蛻變者唯一熟悉的靈性形式只有傳統宗教，他們會以基督教觀點來解讀蛻變經驗，而納丁也是這樣的例子。

他相信他看見圍在女兒身邊的是天使，而那道黃光是與上帝的交流，於是他決定皈依基督教，現在是定期上教堂的教徒了。

死亡過程

關於死，我們無法作任何斷言。我們永遠無法確知那道光是否為宇宙最根本的真實，或者那些光人（或天使）是否真實存在，直到我們親自體驗死亡為止。

我們每個人都有面臨生死關頭的一天——無論病重或老邁、發生事故或受傷。有趣的是，已有證據顯示，此經驗對大部分人都會造成蛻變。二〇一五年，瑞士心理治療師莫尼卡·倫茲（Monika Renz）的研究團隊，調查了六百八十位安寧病房中臨終病人的經驗。他們發現，多數病人都會在經歷轉變期後到達一種不同的意識狀態，不再有焦慮和痛苦，而進入接納和平靜。

根據她的研究結果，倫茲提出死亡過程有三階段：轉變前（pretransition）、轉變期（transition）、轉變後（post-transition）。在轉變前的階段，病人會恐懼、抵抗。但進入轉變期時，他們的小我結構和依附會逐漸淡化，一種信任與自在的感覺越來越強。這種感覺將持續增強到轉變後的階段，在此階段病人將掙脫小我，達到寧靜喜樂的狀態。倫茲描述：「病人感到既自由又充滿連結，和宇宙相連、和一個超越的層次（transcendental sphere）相連。」[15]

臨終病人的家屬和照顧者也證實了這些發現。事實上，有極高比例的病人離世時處於平靜安詳的接納心境。許多臨終者似乎會看見已逝親人來迎接他們，並和那些親人對話，就好像臨終者已經樂在另一個世界了。他們似乎會感受到前面戴維和柴克描述的那類強烈的愛與喜樂與自由。

倫茲發現，超過一半的臨終病人達到了轉變後的階段，也就是「得到某種靈性的開啟」。她相信實際數字可能更高，但有些病人因有困難、害羞或太累，而不克參與這項研究。[16]

從這些結果看來，多數人面臨死亡時都會發生靈性覺醒。所以很有可能，就算我們這一生不曾從瀕死經驗或生死關頭歸來，到了生命最後幾天、最後幾小時甚至最後幾分鐘，死亡的莫大靈性潛能也終將會使我們蛻變。

---

1 Joseph, *What Doesn't Kill Us.*

2 Cowing, "Five Years Ago."

3 Cowing, "Five Years Ago."

4 Kastner, "Beyond Breast Cancer."

5 Stanton, Bower and Low, "Posttraumatic Growth after Cancer"; Tomich and Helgeson, "Is Finding Something."

6 Taylor, *Out of the Darkness*, 145.

7 另一個案例是搖滾音樂家 Wilko Johnson，我在《飛躍》裡講述過他的故事。

8 "After Cancer Jolt."

9 E. Kelly and E. Kelly, *Irreducible Mind*.

10 Van Lommel, *Consciousness beyond Life*.

11 編注：阿拉伯語，直譯作領袖、表率。在遜尼派中為率眾禮拜者，而在什葉派中亦有「人和真主間的中介」之意。

12 編注：蘇菲一詞來自阿拉伯語的羊毛（Suf），意指古代西亞地區修行者常穿的粗製羊毛衣，象徵「苦修禁慾」的特質。

13 *Bhagavad-Gita*, 53.

14 "A Bright Yellow Light."

15 Renz, *Dying*, 40.

16 Renz, *Dying*, 15.

第六章　自殺邊緣：在憂鬱和壓力下蛻變

「憂鬱」在英文裡有抑壓的意思，很貼切描述了這種狀態給人的感受。憂鬱使我們覺得被絕望和憂傷沉沉壓住，能量和動力一點一滴流失。它常常伴隨一種負面思想的自我對話，不斷告訴我們自己很沒用、不值得被愛、做什麼都註定失敗等。彷彿腦中有個觀察者，隨時在評論我們的一舉一動，批判我們做不好的地方，又對所有狀況和前景潑冷水。

憂鬱甚至可能沉重到令人產生一死了之的衝動。而這些自殺的念頭，往往也是種自我厭惡的表現。我們實在太討厭自己，以至於非常想傷害或毀滅自己。

前面章節介紹的蛻變者中，有些人經歷過特定事件或處境引發的憂鬱。例如第四章的蘇西和芮妮，都在失去親友後出現嚴重憂鬱。然而，如同大家所知，有時憂鬱發生得比較幽微，不易釐清原因。有些精神科醫師抱持一種過度簡化的觀點，認為憂鬱是腦部化學物質失衡所導致。他們相信這是由於一種叫血清素（serotonin）的神經傳導物不足，故憂鬱症患者必須定期使用增加血清素的藥物。但我在拙作《靈性科學》中也曾指出，支持這項推論的證據仍相當稀少。其實造成憂鬱的因素更多在於環境、存在觀等方面，而非神經方面。憂鬱的形成涉及了人們的生活條件，工作和人際關係，以及習慣負面思考、缺乏意義、與自然脫節、運動過少、壓力過大、活動過多等因素。

有些憂鬱的案例，源頭也可能是**靈性**的。當一個人和自己的靈性天性疏離，就會引發靈性的憂鬱。很多人天生擁有某種程度的靈性覺醒，哪怕只是小小的種子，而他們渴望循靈修方法或途徑加以耕耘。然而，若他們的文化不接受靈性的概念，他們就有可能無法理解或接受自己的靈性天性。這時，靈性的衝動和經驗就會帶來混亂、抗拒，甚至自我厭惡。另一些案例則是年紀尚小時經歷過靈性覺醒，卻不知道如何消化或理解這段經驗。

遇上這些情形的人，可能不得不壓抑自己的靈性，而這會造成巨大的挫折感。他們也可能產生強烈的虛偽感和自我厭惡，因為覺得被迫過一種與自己不相容的生活，必須跟隨文化傳統，背離自身的靈性衝動。（我在《飛躍》中描述了我個人的經驗，我經歷過幾段靈性憂鬱的時期，那段日子常有輕生的想法。二十九歲那年，我終於完全走出了這份憂鬱。）

這一章，我們將檢視長期強烈憂鬱引起混亂中蛻變的案例。前兩例明顯關係到靈性憂鬱，涉及被壓抑的早年靈性覺醒。第三例則稍微不同，明顯的蛻變原因是一段長期強烈憂鬱，以及不曾承認或處理的童年創傷。

「彷彿宇宙抱著我」——唐娜的故事

唐娜・托瑪斯（Donna Thomas）是位富有學術天分的四十多歲女性，北英格蘭出身。她是心理學博士，在大學從事研究工作。我初次遇見唐娜是在二〇一八年英國舉辦的一場超個人心理學（Transpersonal Psychology）研討會，她是與會的發表人。當時我有種奇妙的感覺，好像已認識她許多年了。打從一開始，我和她說話就很自在，就像在同老朋友聊天。她的發表很有震撼力，因為你能清楚聽出她經歷過一場蛻變，那賦予了她對靈性的深刻洞見。

唐娜曾深陷憂鬱。她憂鬱的主要源頭之一，是母親酗酒造成的童年創傷。她和父親關係良好，但父親多數時候都出差在外，唐娜在家中受到情緒虐待和疏於照顧。（她十歲那年父母離異，之後她搬去和父親同住。）唐娜第一次出現靈性經驗，是她五歲被一臺摩托車撞到的時候。肇事的騎士輾過她，隨後便揚長而去。躺在人行道上的期間，她覺得自己彷彿飄在高空中，東張西望。她能看見附近每條街道，彷彿由上方俯瞰。唐娜告訴我：「那是我第一次嚐到那種滋味——意識到世界其實不是表面看見的那樣。」

接著十五歲時，唐娜出了一場瀕死的意外。某天深夜，一位朋友載她回家，但在傾盆大雨中車速過快。車子失控，翻了四圈後撞上一堵牆。車子底部朝天起火燃燒，他們被困在車裡：

我記得那時的恐怖和痛。我想到我就要死了，害怕極了。然後，我突然出現一種最美妙的感覺。很難形容，但那是種前所未有的安詳。我不在車裡、不在任何地方，不再覺得自己是個十五歲女生。我感覺到瀰漫一切的愛。每樣東西都彷彿無限廣闊，我覺得自己很廣闊。有種回家的感覺。我不在任何地方，卻又無所不在。時間消失了。就在那沒有名字、沒有定義的空間中，我看見了自己的整個人生——我至今參與的所有大事小事一件件從眼前閃過。我感到好愛好愛其中的每樣東西和每個人，不管是家人、朋友、敵人都一樣。

不到一瞬間，我又回到燃燒的車裡，頭下腳上，覺得害怕，被卡在後座扭曲變形的金屬與皮革中央。我覺得我一定會死。但隨後有個卡車司機砸破車窗，把我們救了出來。

我很幸運沒受重傷。我鼻梁斷了、頸椎受傷，在床上躺了兩個禮拜，沉浸在喜悅之中。我不知道我為什麼那麼快樂，並不是因為車禍沒死。我就是滿心洋溢喜悅。醫生覺得我有問題，一直說我受了震驚。不管誰走進我病房，看起來都像最棒的好人。我覺得好愛每個我看見的人。

唐娜過去完全沒有宗教信仰，也從沒聽過瀕死經驗或靈性。隨著最初的歡欣消退，取而代之的是困惑。她開始出現靈性經驗，但那令她惶惶不安。她告訴我：「天在我頭上塌下來。我大概在和天空合而為一吧，會有很廣闊的感覺，但我不懂，所以嚇壞了。我試著和別人說，也說我在車裡的體驗，可是沒有人懂。」

靈性覺醒也是一種靈性的**開啟**。我們被打開，得以看見更寬廣、更鮮明的現實。這種經驗會讓人心曠神怡，但若來得太猛烈，也可能令我們覺得被壓倒。此外，當小我的邊界消失，也可能釋放出內心壓抑的痛苦或創傷。唐娜經歷了一段時期，其間她的童年創傷一湧而出，還伴隨其他無法理解的元素。醫師為她開了藥，但她直覺不該吃藥。

接下來四年相當難熬：

我陷入混亂和挫折，不知道我是不是瘋了。我知道正常的現實之外還有別的東西存在，但我說不出那是什麼。我試著表現得像正常人，卻還是一再丟掉工作。我真的很想找人談談遇到的事，可是感覺身邊一個人也沒有。有時候我會出不了門，和別人交談變得很難。我被困鎖在自己心裡。我的經驗從原本我內在這麼奇妙又喜悅的空間，變成我完全被心的論述帶著走。

面對混亂和挫折，唐娜有股衝動，想為自己創造新的自我論述。十九歲那年，她生下一個孩子，擁有了母親的身分。十五歲那場意外中斷了她的學業。她沒有高中文憑，但當時她決定要重拾書本。她以秘書為目標回到學校，表現亮眼，一位老師因此建議她讀大學。輕鬆完成學士學業後，又有位教師鼓勵她繼續深造，最後她兼職取得了博士資格。她成了一位語言學者，研究語言的結構和使用，相信「語言即唯一真實」的觀點。

求學並養育女兒的同時，唐娜也於地方機關闖出了一番事業。她當上策略經理，為當地議會研擬政策。她對那份工作既擅長也有動力。然而她描述「在此同時我變得很冷漠無情、很自我封閉。我為自己造出一副鎧甲。躲在裡頭讓我好過多了」。

那副鎧甲一直到唐娜四十歲才終於破開。那之前幾年，她父親（他們一直都很親）忽然心臟病發過世了。父親去世隔年，她認識了一個有自戀傾向的人，後來與之結為連理，但婚姻風風雨雨。她丈夫會以隱晦的方式控制她、支配她，最後她開始失去對現實的掌握。「恐懼讓我動彈不得，」她告訴我，「一切開始分崩離析。我離職了，什麼事也沒辦法做。腦袋裡冒出好多似乎不屬於我的想法。我情緒激盪、極度焦慮，還會爆發像精神病（Psychosis）的症狀。這種狀況持續了將近十二個月，嚴重到我已經不想活了。」

唐娜以文字敘述了她在強烈混亂後的蛻變經驗：

我先生來接兒子，我很清楚這次是永別了。我知道生命中沒有我，對他才是最好的。我準備待會走上樓，先決定要怎麼自殺。我櫃子裡放了很多止痛藥，那是一個選項——有個聲音這麼說。同時還有好幾個聲音，全都亂成一團在說話。我知道我就要死了。當我一邊和兒子道別、一邊關上門，我慣有的發抖症狀開始達到高峰，身體開始感覺虛弱無力。顫抖變得非常劇烈，渾身發熱到我覺得呼吸困難。我全身越來越痛（特別是腳），現在只能半走半爬上樓。身體燙得太難受了，我不得不脫掉衣服，就這樣在床上倒了下來。然後，我發現自己在穿過一條濃黑的隧道。穿過隧道的同時，種種創傷的影像、味道、聲音、情緒在我周圍融合，每一種我都清楚感覺得到。我有種死亡在即的強烈預感，於是我不再抵抗。恐懼溶化了，我掉進一條又一條的隧道裡，就這樣掉著掉著，連同痛和不舒服一起持續了好幾小時。當陽光從窗外灑入、早晨降臨的時候，我原先相信我是的那個人已消失一大半了。打從脫離童年以來，我第一次感覺到些許寧靜。我的心靜了。我完全不懂我怎麼回事，也不太在乎，但我確實感覺到某種新的開始，感覺我和某種我不明白的東西重新相連。

也許因為被壓抑許久，唐娜二十五年前的覺醒以強勁之姿再次湧現，而這也預示著一次永久的蛻變；蛻變完成後，她將移入一種更高功能的狀態。自那時起她煥然一新，輕盈、遼闊、快樂的感覺持續不散。

然而，她調適了很長一段時間，才習慣她新擁有的遼闊覺察。在猛烈的蛻變之後，人的機能有時需要很久才能恢復穩定。當我們心靈的舊結構消融了，新的結構會需要時間慢慢確立，而這過程有可能相當漫長。因此正如我們在前面許多案例看到的，靈性覺醒往往不是很多尋求者想像的那種輕鬆愜意的轉變。和十五歲第一次覺醒時一樣，唐娜發現心靈突然綻開使得大量陌生、令人不安的感覺跑了出來。她如此描述那場蛻變的後續效應：

大約有一年時間我過得很辛苦，因為我活在另一種現實中。一切都非常慢。時間不存在。即使是和心愛的人們共處，他們在我的感受中也比較像能量場，而不是一個一個的人。

還有很多東西浮上來。我經歷了心電感應、靈魂出竅。有幾次我被催眠、旅行到前世。我的腳出現劇烈的灼痛，幾天都下不了床。當我察覺那是過去兩次意外的創傷被困住的痛，痛就離開了。

這個時期，唐娜仍對靈性毫無所聞，因此她那種遼闊的快活感又再度被困惑抵銷。和那次瀕死經驗一樣，她也沒有能理解這次蛻變的概念框架。幾年前，朋友曾給過她一本托勒的《當下的力量》。她隨意翻翻，就把書扔在某個書架頂層、忘了這回事。那場蛻變後大約六週，她經過那個書架，突然……

那本書不知怎麼掉下書架、打中我的頭，然後掉到地上。我彎腰撿書時，書正好攤開在某一頁，講的是「痛苦之身」。我開始讀，結果又感受到更深的轉化和共鳴。那本書是個轉捩點，因為它談的正是我遇到的事。那是第一次有人證實了我的經驗。它為我打開了一個靈性的世界，此後我邁上一趟整合的過程。

根據我的研究，無論起初造成多少混亂不安，猛烈的覺醒最後幾乎總會穩定下來，即使可能需耗時多年。那場蛻變七年後的今天，唐娜覺得已充分整合了她的經驗。如今她已經能在世界上運作——事實上，發揮的功能還比以前高多了，因為她覺得活得真誠，深感與萬物相連，並強烈渴望為人服務：

> 現在的日子比以前輕鬆多了。我不再那麼分裂。那個空間始終都在。有時會有人問我：「你會冥想嗎？」我不會特別冥想，因為當你從那個空間出發，生活就是真正的冥想。你一直都是那個空間，不一定只有在坐下冥想的時候。
>
> 最早那幾次，一切都浮出於那空間表面。現在則比較像退入了背景中，雖然偶爾還是有強烈的時候。晚上躺在床上，我會讓自己沉進那空間和靜默中。醒來的時候它依然在，於是我就整天從那空間度過。
>
> 這很有趣，因為生命給過我許多挑戰，包括我的家庭和作為人母，但現在我能應付挑戰了。你永遠沒辦法拋下這世界，沒辦法自己跑進深山躲起來。我們脫離不了這世界。

以前我覺得世界真的很可怕：那麼冰冷、那麼嚇人——我總覺得我不屬於這世界。我覺得自己像外星人。我害怕人。我覺得每個人都很自私，都在為自己圖利，我不相信任何人。但現在一切都變成最神聖的。人們可能因為某些慣性而做出討厭的行為，但如果不計較那些，你會發現每個人都是神聖的。

現在的我可以只是坐著，與天空和樹相伴、感覺腳底的青草，以前我甚至不知道它們存在。每一刻我都感到無比感激。從前的我很好鬥，沒安全感，非常在乎地位、物質、財產。那是我鎧甲的一部分。現在我沒有鎧甲了，我變得開放許多，不再那麼自私。以前我總是拼命想抵達某些地方，但現在，我覺得彷彿宇宙抱著我。你不必有目的地，一切會自然展開。你需要的只是順應，帶著信任活下去。

近幾年，唐娜回到學術界。她現在是英國蘭卡斯特大學（Lancaster University）的研究員，專門研究孩童感受世界的方式，特別是那些正在經歷危機、因天生的靈性或資質而難以用表象接受世界的孩童。她也正透過超個人心理學，從學術角度研究靈性。

「今生最無憂無慮的狀態」——帕克的故事

唐娜的蛻變發生於瀕臨自殺之際，特別值得注意。一個人想尋短，是小我徹底崩潰的訊號。這時憂鬱和自我厭惡已壓碎了小我身分的外殼，人的依附已被剝除殆盡，沒有任何希望、自尊，也沒有任何對成功、財產、社會角色的留戀。畢竟如果他們還有這些依附，就不會想放開它們，也就不會想自殺了。同時，意圖自殺也顯示一個人進到了放棄抵抗的狀態，亦即小我投降、停止掙扎。因此，它代表了接納的起點。而如同我前面也曾指出的，混亂中蛻變常發生在小我消融之後，由一種接納的心境觸發。

下一個故事顯然便屬於上述情形，這是一位加拿大人帕克（Parker）與我分享的。帕克也曾嚴重憂鬱到認真考慮自殺的地步。他的憂鬱主要源自靈性，程度可能更勝唐娜，起因是壓抑十八歲時經歷的一場靈性覺醒。

帕克童年時代受到霸凌，沒什麼朋友。他拼命想讓自己受歡迎、有地位一點，從十四歲開始販賣藥物給高中裡的友人。起初是賣大麻，後來又賣起迷幻藥。然而他賣大麻的行為被發現，遭學校退學，父母也將他掃地出門。年僅十六歲的他開始獨自生活，導致一段嚴重沉迷藥物的時期，持續了兩年：

> 我對古柯鹼重度上癮，也有在吸冰毒和其他藥。我真的徹底壞掉了，完全不曉得活著要幹麼。我狀況非常糟，身心都是。我身高一八五，體重卻掉到剩五十五公斤左右。

到了最後，有一陣子我連續快一個禮拜都沒有睡，一直在嗑藥。我想這樣應該會死於用藥過量吧，那好像也不錯。最後我終於睡著，第二天醒來的時候，突然就沒有癮了。那真是太詭異了。我打電話給我姊，說：「我夠了。我再也不嗑藥了。你可以來接我嗎？」她很驚訝，因為我已經一年多沒和她或我爸媽見面了。

那時候覺得很怪，但我當時的感覺就是今天的感覺。我相信我是神，身邊的每個人也都是神。我突然覺得每個人都忙著跑來跑去，擔心這擔心那，卻看不見整體。我覺得身邊的每個人好像都理智有問題。但我沒辦法跟任何人溝通，無法用語言表達。

我去看了一個精神科醫生。我知道如果老實交代我的感覺，一定會被送進精神病房，所以裝出一副正常的樣子。醫生不懂我的毒癮怎會突然消失。他說我的額葉可能受到了某種衝擊，那裡跟上癮或欲望或渴望有關。他說人一般是不會突然就擺脫毒癮的，癮頭大到每天都要用大量藥物的話更不可能。

我不知道要怎麼解釋這段經驗。我想就是因為這樣，這件事的衝擊才沒有持續很久。之後有幾年我試著冥想，還讀了《深夜加油站遇見蘇格拉底》（*Way of the Peaceful Warrior*）和《道德經》。這就是我那次「靈性研究」的全部內容了。

我完全戒毒了，回到學校，成績很不錯。我忘掉了最初那次經驗，覺得總之就是個奇怪但幸運的轉捩點。我想可能就是腦部化學變化造成的吧，就像醫生說的。我沒有向內，而是開始向外尋找快樂，在「成功」裡找快樂。我踏上一條道路，不斷為自己添加東西，以成功為目標，追求這種更好的未來。我迷失在表面的世界。

到了三十出頭，帕克似乎已沒有理由不快樂。他事業有成，生活舒適優渥。他的婚姻也很幸福，有個年幼的女兒。但儘管擁有社會與物質上的成功，他卻覺得被恐懼與無意義感侵蝕。帕克說：「我覺得我的存在毫無意義。我一直在自己外部尋找快樂，同時心裡又知道無論取得什麼成就，都無法帶給我真正的快樂。」他的靈性憂鬱又因為工作壓力而更加惡化。作為衝突律師，他的工作高壓緊張，有時甚至會使他恐慌發作。他幾乎無時無刻不處於憂鬱狀態，開始想要尋死：「每天的開頭多半都是我在浴室裡哭，想著要是不必當我自己就好了。」

自殺的衝動，在某次他和家人去日本度假時變得更強烈了。照理說他應該是去放鬆的，但多出的時間令他的焦慮更深。他告訴我：「越是沒有別的事要想、可以和我自己的思緒獨處，我就覺得越糟、生命越沒意義。」假期期間，他時常經過一座住處附近的橋，每次經過時，他都想跳下去：

（二〇一九年）十二月三十日，我在橋邊站了可能三小時那麼久，試著鼓起跳下去的勇氣，但

> 最後還是辦不到。我走回我岳父母家，心情慘透了，想著隔天要再回來試試看。剩下的下午和晚上，我可能是在有生以來最悲慘的心情中度過。大概半夜十二點，我上床睡覺。
>
> 夜裡，我作了一個清晰得不可思議的夢。夢中我飛過城市，在行星之間飛，遇見我過世的祖父母，還有一大堆千奇百怪、我已經忘了的事。我感覺飄飄然、如癡如醉。我在早上八點醒來，發現不只大腦完全冷靜了，連身體也是。我的下背部已經痛好幾個月了，但現在背痛似乎不再困擾我。我經歷的每一刻、每件事都彷彿完美無缺，無論是小鳥啁啾的聲音、風吹過樹木的景象，還是屋後河邊釣魚的老人們。就連坐下或站起的感覺也不一樣了，好像我突然對身體各部位都變得有知覺。彷彿我的靈魂已經在身體裡住了一輩子，但我從來沒關心過那是什麼感受，或者我一直沒注意到活在我身體裡的感受。
>
> 最深刻的變化，是以前每天睜開眼睛就纏著我到睡著的那些念頭，忽然連個影子都不見了。實際上，十二月三十一日那天大半，我好像都沒有任何念頭浮現。我經歷的一切都瀰漫某種程度的狂喜，不太容易描述，但那絕對是我這一生最棒的早晨。那一整天，我幾乎都說不出話。

非比尋常的是，帕克的蛻變發生在他睡著時，似乎展現為清醒夢（lucid dream）[1]的形式。帕克並未有意識地經歷蛻變的時刻，這發生在他無意識時，但醒來後才有所察覺。他描述他的改變「類似於打開一個風雲變色的開關」。很明顯，隔天醒來之後，他整個人就徹底變了。

帕克最初寫信給我，是因為他在尋求資訊，想理解他的蛻變。他讀了一些靈性書籍，正好也看到我的書。我們聯絡時，距離他轉變只過了六個月，但帕克已覺得蛻變前的狀態像段久遠的記憶，是不可能再回去的遙遠狀態：

我沒有任何一絲不安、難過、憂鬱、沮喪，或對任何事的擔心。彷彿我的整個身分或小我都在一夜之間溶解了。那是我今生最無憂無慮的狀態，連小時候也沒這麼無憂無慮過。

雖然說狂喜的感覺過段時間就消失了，但我從此之後都能自由取得那種原始經驗（raw experience）。工作時或生活中和人互動時，我會需要開啟我的身分或小我，但無需思考的時候，就可以關掉或忽略它。我還是會有各種念頭，但那已經不成問題了。我不等於我的想法，甚至不必等於它們的發明者，只是某種見證者或觀察者。我這一生都在根據那些來到我腦海的想法打造一個身分，但現在那個身分突然主動讓我看見它完全是虛構的。

我得到一個結論：真正的我只是那底層的意識——那個正在經驗我感知到的這一切，也經驗著想法和思考過程本身的「經驗者」。我現在可以明顯看出，真正的「我」成年後的大半歲月都只是在「旁觀」帕克對抗他關於存在的憂鬱。就好像我的整個身分突然消失了，讓我發覺我的核心，也就是真正的「我」，只是意識本身。

我現在覺得時間只存在於我的觀念裡。時間無法存在於我對生命的直接經驗中，我感知到的一切、我做的一切，都只能發生在當下此時。當下此時的概念很難闡述，但那攸關我現在這種沒有壓力、憂慮、悲傷、沮喪的狀態——你如果不透過想法跳到當下之外，就不可能產生那些感受。

我以前的壓力和憂慮來自於思考未來的事。我可以花好幾天反覆琢磨某件案子、某次出庭可能發生的所有壞事，或父母親等重要的人生病過世的可能。這是最大的轉變。我所有的憂慮、壓力都是因為胡思亂想。我現在完全不會這樣了。

還有好多小事也變了。我從前非常討厭做家事，現在倒是做得很享受。我現在很愛散步、看各種植物。我女兒喜歡摘小花小草，所以你會看到我們兩個站在路邊，盯著小小的花看個不停，或是看風吹過樹木、樹葉落下，或是看動物。就算只是看路上的車或經過的行人，我也能看得興味盎然。無聊的概念徹底消失了。寂寞也是。以前我一個人的時候總是狀況最糟，我會開始翻來覆去地想事情，提醒自己我有多悲慘。我以前不喜歡一個人，因為我會被迫跟腦裡那個煩人的傢伙關在一起，他只會跟我說一切都很糟，但現在我非常享受一個人。

總括來說，我的人生在那場夢之後就徹底變了，但外在條件其實沒什麼變。我處在一種為生命的奧秘驚嘆的永久狀態。現實美麗的奧秘和「我」非不朽的感觸始終常在，影響我遇上的每一場互動和出現的每一個念頭。

帕克的蛻變相當平順。他的經驗很不尋常，因為猛烈覺醒常伴隨的無所適從和混亂不安，完全沒有發生在他身上。雖然他為了理解自己的經驗而開始閱讀靈性書籍，但似乎有很大部分是出於好奇。他並沒有迫切需要釐清自己的轉變，以減輕混亂和挫折感。帕克提到，他能開啟或關閉工作身分，並能自己選擇要不要接收清醒狀態的「原始經驗」。這種能力對於覺醒狀態的整合至關重要，但人們通常都要經過好一段時間才能學會。

或許帕克蛻變平順的關鍵在於，他的靈性覺醒實際上在十八歲就發生了，只是他無法理解而將其壓抑。因此，後來那次經驗可能並非猛烈的新覺醒，而更接近於內在已成形、但被封鎖或掩蓋的狀態重新浮現。（誠然，這種解釋無法說明唐娜的故事。她從前也有過被壓抑的靈性覺醒，但還是經歷了很艱難的蛻變。）

在某些方面，帕克的故事令人想到同樣很順利的托勒的靈性覺醒。看過《當下的力量》的讀者應該已經知道，長年為強烈焦慮和憂鬱所苦的托勒，某天深夜（雖不是睡夢中）經歷了一場令他蛻變的經驗。

第二天醒來，他感覺如獲新生。雖然托勒花了幾年才理解究竟怎麼回事，但他也幾乎沒經歷什麼混亂不安，只有持續的輕鬆喜樂狀態。托勒唯一遇到的問題，或許是他容易太靜態。（他廣為人知的故事，是有幾個月時間，除了坐在一張公園長椅上，基本上沒做什麼。）但帕克沒有遇到這方面的困難。他還是能繼續律師的工作，甚至覺得更得心應手了，因為現在的他冷靜許多，也較不會與人衝突。

帕克對他新狀態的描述也很接近托勒的教導：強調處在當下、不受思考心智和心理時間的束縛。懷疑論者或許要說，帕克可能只是讀了托勒的書，並把書中教的內容重新說一遍而已。不過當我提起托勒時，帕克表示他從沒聽過這位作者。即使今天，對於托勒的著述，帕克也只是概略知道、瀏覽過幾部影片。而且帕克對自己狀態的描述明顯相當清晰、自覺，是非親身體驗無法達到的程度。

「一切都變得好鮮活、好真實」——西蒙的故事

除了強烈憂鬱，混亂中蛻變也可能與強烈的「壓力」相關。若說憂鬱是內在的心理重擔，壓力則是**外在**的重擔。這種感受就像被世界壓垮，無力應付生活對我們的大小要求。當人被過多資訊、過多責任和職責轟炸，壓力便會產生。我們感覺被逼到極限、暴露在外太久，而假如我們無法適時休息充電，內在的不協和就會一直堆積，直到臨界點。透過這種方式，外在的沉重壓力也會如同內在的沉重憂鬱一樣，

導致我們小我的崩解。

就像憂鬱的案例，我們在前面的一些故事中，也已見過壓力引發的覺醒。例如第三章裡阿南塔的覺醒，促成因子就包括入獄的壓力和焦慮、工作的疲勞，還有身分的瓦解。而我們第一章談到的大衛的漸進覺醒，很大部分是軍旅生活的壓力和焦慮以及生死經驗所觸發。

但當然了，我們都知道，即使不涉及被囚禁或上戰場等特殊情境，一般生活本身也可以造成壓力。我們每天必須應對的工作、家庭生活、人際關係，又或者疾病，有時已足以令人崩潰——也足以令人「向上轉化」。我在《飛躍》中描述了幾個壓力相關的覺醒案例。例如有位剛生產完的媽媽，連續多天未闔眼後經歷覺醒。又有一位男子，在因工作問題和妻子病重而面對強烈壓力的時期，發生了覺醒。

壓力引發的覺醒，特別具有爆炸性。這類案例時常使人聯想到印度靈性觀的「拙火覺醒」（Kundalini Awakening），人們認為此時會有一股強大的力量，從脊椎尾端、即最低的脈輪（Chakra）位置向上升起。根據印度教和坦陀羅（Tantra）典籍，當這股能量突然不受控地升起，可能會帶來極大的破壞甚至危險。

二〇一八年八月，一位四十六歲的英國人便經歷了這種覺醒，以下我們稱他為西蒙（Simon）。西蒙那時正和家人在法國度假，在此之前，他已很長一段時間處於極大的壓力下，原因是工作上的問題以及他形容「讓人壓力大到無法想像」的夫妻關係。他的岳父五月剛過世，也加重了他的壓力。

與此同時，西蒙告訴我他的混亂有更深的根源。他童年有一段創傷，目睹一位手足死於意外。他這麼告訴我：「我是傾向自己解決創傷和問題，不會向別人求助的人。」這件事對他產生了內在心理的重壓，因此不是只有外在壓力困擾他。不過那陣子，他終於就這件事情，向為他診治壓力相關憂鬱的治療師尋求幫助。

西蒙自認是個邏輯思考的科學人。他是建築師以及資訊科技專家，沒接觸過靈性相關的議題，也沒什麼興趣接觸。他和帕克一樣，是蛻變之後想理解自己遇到的事，才開始讀靈性書籍。他對我說：「那不是我刻意追求的，完全是自發的。」

特別驚人的是，西蒙的蛻變也和帕克一樣，發生於假期某天他睡著的時候：

我一個人躺了十分鐘左右，睡著了。當我醒來，一切都不同了。那很像把隱形眼鏡拿掉的感覺。我躺在那裡，看著上面的樹，看到所有樹葉都籠罩著一層銀色光暈。我聽得見幾十公尺外的蟲鳴。一切都變鮮活了。有種不可思議的美妙感受。

那種體驗對我來說真的很陌生——我完全不是相信靈性的人。那是徹底壓倒性的感覺。突然之間感到我是什麼的一部分。就像重生一樣，但有著大人的知識。莫大的重擔從我肩上卸下。身體方面，我以前在東南亞得到的腸胃問題已經困擾了我十五年，卻在那一天之內就好了。

事後回想，我覺得那就是拙火覺醒。我感覺有巨大的能量一陣陣衝上來。有種刺刺癢癢的感覺出現在尾骨一帶，然後沿著脊椎往上爬，延伸到我的指尖和頭部。

那就是整件事的開端。從那時起，我就是個不同的人了。我所有的恐懼和愧疚都消失無蹤。連以前怕蜘蛛和懼高的毛病都沒了。我的改變簡直不可思議。我其中兩個小孩跟我說：「爸爸你變了耶。你一定怎麼了。」我以前會大吼大叫、脾氣暴躁，但現在我對人充滿愛和關心。

超個人心理學理論家葛羅夫夫婦（Stan Grof、Christina Grof）創造了**靈性開啟**（spiritual opening）一詞，作為指涉靈性覺醒的另一個詞彙。我認為這個詞相當好用，它強調出這種經驗中，人們心理上的某些圍欄或濾網突然消失，帶來更遼闊鮮明的覺察和更敏銳的感受力。我們可以將其比作一個人走出一間小小黑黑的房舍，突然發現自己身在一片廣袤開闊的自然風光之中，到處都是色彩、美與空間。此外，就像本章稍前唐娜的故事呈現的，**靈性開啟**也能說明覺醒會造成破壞和困擾的一些層面，包括被壓抑的創傷湧現。

西蒙的經驗也很適合以靈性開啟的概念來檢視。和唐娜一樣，西蒙也發現覺察突然開啟，帶來的有優點也有缺點：

自然對我來說變得重要很多。顏色更鮮艷了，我看到的細節也多多了，有時簡直令我無法招架。一切都變得好鮮活、好真實。那之後的頭兩個月，我必須一直待在室外，我受不了待在建築物裡。

我突然開始「發現」音樂、藝術、雕塑、顏色、自然，以及相連的可能性，一直聽見和看見以前沒注意到的東西。我和他人的互動也更緊密了。我開始真正聽別人說話，理解別人為何那樣想。我有某種以前不曾有過的感同身受和體諒。以前的我很封閉。我可以跟人開會不到幾秒鐘，就看見他們像小孩的一面，瞭解他們的做事方法和態度。以前我遇到人時心裡會想：「拜託不用跟我問候，就直說你想怎樣。」但現在，我可以真正和他人產生連結，感覺出怎樣會讓他們覺得被重視。

但我得承認，這一路走來也不容易。我經歷了一個「下載」的階段，接收到很多影像，像是神聖幾何（sacred geometry）啦，還有各種東西。我聯絡了我的治療師，跟他說：「這些東西一直冒出來，我不知道怎麼辦。」我以為他會告訴我我已經崩潰了，好險並沒有。他鼓勵我把這段經驗想成正向的。

我和西蒙訪談時，距離他的轉變過了兩年。他似乎正在適應他的新狀態，混亂不安和無所適從正開始消退。他先前時常感覺衝上身體的能量，如今已平息下來。和帕克相同，他還是能繼續原本的工作，而且覺得做得比以前更好了，因為他的同理心增加，也更瞭解客戶和同事。可惜，西蒙的婚姻在他蛻變後並未維持：「我太太適應得很痛苦。我一個兒子告訴我：『媽媽就是想不通。』她跟我說，她沒辦法像孩子們那麼輕易接受這件事，後來我們就分開了。她一直想要我改變，結果我變了，卻跟她想像的不一樣。」

事實上，混亂中蛻變的後續效應之中，婚姻或感情的結束時而可見。在如此劇烈的轉變之後，蛻變者與伴侶、親戚、老友之間出現鴻溝並不奇怪。畢竟，靈性覺醒意味著從此換了個新身分。雖然有些舊人格特質可能還在，但蛻變者基本上成了完全不同的人，只是碰巧住在原本的身體裡。有些蛻變者的伴侶突然發現已經不認識身旁的人了。他們發現一起生活的是一個他們不理解、有另一套價值和態度、看世界的方式也完全不同的人。他們的伴侶可能正在遭遇令人混亂不安的經驗，而對此他們全然幫不上忙。在有些案例中他們能夠調適，但此類問題經常使關係岌岌可危。

混亂中蛻變與疾病消失

帕克用「打開一個風雲變色的開關」來形容他的蛻變，要描述猛烈的混亂中蛻變，這正是再好不過的比喻。若讀者還記得，第三章的亞德里安也用了如出一轍的話語——「就像撥開開關一樣」——來形容他在獄中的蛻變。帕克和西蒙的轉變皆發生於睡眠時，更突顯了混亂中蛻變可能來得毫無預警，完全與意志無關。這也顯示突然的混亂中蛻變是能夠辨識的真實心理事件，就如同身體變化般，為獨立且確鑿的事件。

有趣的是，帕克和西蒙的故事都指出，混亂中蛻變和疾病之間可能有某種關聯。他們表示在轉變之後，身上有某種實質病痛消失。帕克說他不再為持續好幾個月的下背痛困擾，西蒙則描述糾纏他十五年的腸胃宿疾突然好了。這些變化乍聽之下或許神秘，然而其實可藉由蛻變者的新身分來解釋。人的身心是緊密相關的，因此心可以造就病痛，也可以減緩病痛（尤其腸胃方面的問題，眾所周知受心理影響甚大）。所以，隨著帕克和西蒙新身分和新心靈的出現，他們**舊**身分帶來的病痛會煙消雲散，可能也就不那麼令人意外了。

帕克的故事有另一點與此相關。帕克描述他最初的靈性覺醒中，一覺醒來便發覺沒有癮了。這也讓人感到相當神秘。正如帕克的精神科醫師納悶的：嚴重的藥物成癮，怎麼可能一夜消失呢？

這個問題將帶我們前往下一章，我們將在這一章，檢視成癮情境下的混亂中蛻變。過程中，我們也將更詳細討論到自殺意圖與靈性覺醒之間的關聯。

1　編注：在睡眠狀態中保持意識清醒。

第七章　擺脫渴望：為癮所困而蛻變

我在第一章提過羅素的故事，他於長期痛苦後經歷了靈性覺醒，後來在我的家鄉曼徹斯特展開靈性導師的工作。發現有位這麼透徹覺醒的人在離我這麼近的地方生活和教學，真是令我又驚又喜。我定期參加羅素的聚會二十年有餘，最後協助他寫下了一本關於他人生和教導的書，書名叫《是我亦非我：羅素．威廉斯的生命啟發》（*Not I, Not Other Than I: The Spiritual Teachings of Russel Williams*）。

那本書出版時，羅素已高齡九十三，這可能讓他成了世界上年紀最大的新書作者！那時他每週一和週三晚上都會舉辦公開聚會——事實上，這個習慣一直維持到三年後的二〇一八他過世前數週。聚會對公眾開放且不收費，在書出版之後變得極受歡迎，開始有人千里迢迢來參加，甚至有些是從美國或以色列來的。

有個晚上，我遇見兩位從蘇格蘭前來，想一睹羅素風采的年輕人。他們外表上完全不像典型參加羅素聚會的人，不僅相當年輕（可能近三十歲吧），而且看來就像一般的勞工階級小伙子——留著短髮、穿著時髦的運動服裝。

趁著中間休息，我和其中一位聊了一會兒，以下我們稱他為葛瑞格（Greg）。他告訴我，他和他朋友都是正在接受治療的藥物成癮者，是在一個匿名戒毒（Narcotics Anonymous）團體裡認識的。他曾沉迷海洛因多年，上癮嚴重到他已經放棄戒掉、束手待斃的地步。但有天醒來，他突然覺得自己整個人不一樣了。他不知道為什麼，但突然感覺頭腦清醒、強而有力。平常他起床想的第一件事就是使用藥物，那天早上這種欲望卻消失了，一想到用海洛因就令他生厭。沒有明顯原因，他突然覺得沒有癮了。他感到一種成年以後從未體會過的完整與輕鬆。

「我知道結束了。」他告訴我。「我不想再和嗑藥的朋友們混了，我和他們完全沒交集。他們覺得跟我有距離，不懂為什麼我轉變得那麼突然。和家人也是這樣。我跟所有人的關係不是結束、就是變了，因為我不再是原來那個人了。我必須根據現在變成的新模樣重新交一群朋友。」

葛瑞格沒聽過靈性，但參加幾次匿名戒毒的集會後，他逐漸意識到自己經歷了靈性蛻變。他開始讀靈性書籍、看靈性導師的演講影片，慢慢建立起一個理解自己經驗的框架。來英格蘭看羅素，也是他理解與探索蛻變經驗的一環。

當然，我們在上一章已遇過這種現象，即帕克的案例。帕克大量濫用藥物一週後一覺睡醒，發現沒有明顯原因，他的藥癮就神秘消失了。我將這種現象稱作「癮症解除」（addiction release），它是突然的靈性覺醒所帶來最驚人，也最少被研究的效果之一。

這種現象幾乎難以置信。怎麼可能有人只是睡一覺，癮就戒掉了？嚴重的癮症怎麼可能沒有明顯原因就自行消失呢？戒癮通常是段長期抗戰。成癮者一般都需要小心謹慎、日復一日的努力才能將癮戒掉，且若沒有巨大的支持和勇氣，很容易就會復發。

但這並非必然。成癮演變到最嚴重的時候——當上癮者失去一切，來到死亡邊緣——有時可能發生癮症解除的奇異現象。被癮糾纏的舊自我從此死去，而一個新的自我取而代之。由於這個新自我才剛出世，身上沒有任何依附或來自過去的影響，所以也不會有從前的癮。嚴格說起來，乍看似乎是人突然擺脫了身上的癮，但實際上發生的是——同樣宛如奇蹟——成癮的那個人不存在了。消失的不是癮，而是成癮的那個人。

值得一提的是，匿名戒酒會（Alcoholics Anonymous，AA）創辦人之一比爾．威爾森（Bill Wilson）本身也有過這種經驗。戒酒失敗無數次後，威爾森感到徹底被酒癮擊垮，瀕臨瘋狂與死亡。他在紐約一家醫院辦了入院手續，正躺在病床上忍耐身心折磨時，一場覺醒發生了：「我的病房霎時光芒四射，被一種無法形容的白光照亮。超越言語的狂喜攫住我。我像躺在一個新世界的沙灘上。」[1]

殷鑑於他的親身經歷，威爾森相信人只有透過靈性蛻變才能真正戒酒。他發展出匿名戒酒會的「十二步驟法」，作為一套幫助酒癮者覺醒的方式，其中最後一個步驟說：「透過這些步驟獲得靈性覺醒後，我們盡量將此訊息分享給其他酗酒者，並在生活各方面實踐這些原則。」可以說，這套方法旨在**逐漸**培養出威爾森**瞬間**歷經的蛻變。匿名戒酒會的十二步驟法本質上是一條靈性發展之道，類似於佛教的八正道（eightfold path）[2]或瑜伽的八肢（eight limbs）之道。[3,4]

愛因斯坦（Albert Einstein）有句名言是：要解決一個問題，不能用造出它的那套思維來思考（a problem cannot be solved from the same mindset that created it），這個道理也適用於成癮。為了擺脫癮，必須先使被癮控制的小我自我消融。若那個小我自我還有部分留著，癮和對成癮物質的渴望便會持續存在。將愛因斯坦的話換個說法，即：要戒癮，不能靠背負著癮的那個自我來戒。唯有一個新的自我才辦得到。

如同所有靈性覺醒，這個過程可能是漸進或突然的，也可能呈現為各種強度。這一章，我們將檢視兩個突然而強烈的覺醒帶來癮症解除的例子。

成癮和創傷

人類攝取改變意識的物質已有數千年的歷史。歐洲有些六千年前的遺跡中，就發現了鴉片和大麻的痕跡。世界上許多原住民族也都有使用此類物質的傳統。美洲印地安部落將佩約特仙人掌（peyote）、毒蠅傘蘑菇（fly agaric mushroom）視為神聖植物，亞馬遜雨林部落則會使用死藤水（ayahuasca）等物質。正如美國在禁酒令（Prohibition）時期發現的：人類對此類物質的需求如此之強烈，似乎根本無法管制或遏止。

有些時候，人們攝取藥物的理由是追求「超越」的體驗——為了打開覺察的範圍，以接觸到平常看不見的、更鮮明的現實。這便是人們使用LSD、死藤水等迷幻劑的主要動機。過去原住民文化對藥物的主要用途即在於此，故迷幻藥草常用於祭典和儀式中，或者為巫師專用。

但也許人們使用藥物最普遍的原因，是為了對抗心理不協和、逃避無聊，或逃避無意義與無望導致的全面挫折或不滿足感。有些藥物能麻醉我們，使我們感覺不到不協和，另一些則能產生正向感受，將不協和掩蓋過去。海洛因是第一類藥物最好的例子，古柯鹼則是第二類的一個佳例。令人傷心地，當代有些原住民族對藥物的主要用途已不再是追求超越，而是逃避現實，以此面對文化被破壞與意義喪失的傷痛。

一般而言，一個人心理不協和的程度越嚴重，就越可能使用藥物，也越可能演變成上癮。此外，心理極度不協和時，人會較傾向使用麻痺痛苦的藥物而非興奮劑。事實上，研究顯示成癮和創傷有明顯的關聯，特別是童年創傷，例如遭受性侵害或肢體虐待。一項針對四百七十位藥物或酒精成癮者的研究發現，其中八一%的女性和六九%的男性孩提時代曾受到性侵。[5]酒精和藥物是用來麻痺的一種方式，用來麻痺創傷的痛和伴隨而來的自我厭惡、焦慮、多疑等症狀。

為癮所困而蛻變和上一章憂鬱引發的覺醒很難截然二分。這兩類覺醒均為心理不協和所導致，唯一的差別在於成癮者經歷過很長一段時間，試圖以藥物控制自己的心理失調。然而這種嘗試最後只是加重了不協和，讓憂鬱更深、自我厭惡更強、失落感更大了。成癮的情境下，心理混亂造成的小我消融會更加激烈，因為此時崩潰更容易發生。而崩潰也意味著向上轉化的可能，所以為癮所困——如同遭受監禁、失去親友、面對死亡——有極高的靈性潛能。

「萬物皆起自同一個生命、同一道源頭」——妮琪的故事

妮琪・費蘭（Nikki Phelan）五十出頭，在約克郡鄉間的一處靜修中心幫忙經營。該中心以基督教思想為根基。基督教曾為妮琪唯一的參照點，因此她經歷靈性覺醒之初，是透過基督教觀點來解讀那段經

驗。後來，她開始意識到她的經驗是超越宗教、觀念或教條的。妮琪告訴我，她覺得自己其實經歷過兩次靈性覺醒。較早、影響最深遠的那次覺醒，發生在她與藥癮和精神疾病糾纏十年後，進行勒戒的期間。

妮琪的童年原本很快樂，直到十三歲那年，遭到她們家的家庭醫師施暴：

那似乎是讓我脫軌的第一件事。我不懂怎麼回事，不懂該怎麼理解。我覺得我作為一個人很羞恥、備受威脅。我開始發展出一種慣性，會仰賴較年長的男人保護，因為我覺得我好脆弱。後來我轉學了，被霸凌，我開始喝酒，努力想適應。我有個比我大的男朋友，他保護我不受霸凌。我覺得我好像需要有人保護，來躲過世界的傷害。他是個好人，盡他所能照顧我，我緊緊攀住他以尋求安全和保護。我十六歲時懷孕，十七歲時結婚。雖然我生下了我大兒子，但情感上我還不夠為人母親。我自己根本就還是個小孩。

我離開了我丈夫，遇到另一個人，生了另一個兒子。我的新男友是個高壯、年紀更大的人，我確信他有能力保護我，但那段感情也沒走下去。我剩下我自己和兩個年紀還小的孩子，住在布拉福（Bradford）一棟滿惡名昭彰的公屋（council estate）[6]。我覺得我根本沒有能力應付。我覺得我生下來就屬於沒辦法適應生命的那種人。我真的完全不懂這是什麼狀況。

其中一樣定義我身分、我非常依附的東西，是我的外表。我年輕時接過一些模特兒的工作。其實對我不太好，因為我非常沒安全感。我會花好幾小時化妝、弄頭髮，一定要看起來無懈可擊才肯出門。如果我沒得到我渴望的關注目光，我就會回家從頭到腳重新打扮一遍。

最後，我吸引了另一個我覺得能保護我的男人，但他其實被陰暗包圍，雖然我當時沒看出來。後來發生了件可怕的事：我的兩個小孩都被帶走，去和我爸媽同住。這是另一個讓我人生加速下墜的大事件，從此我一直懷有深刻的羞愧感和罪惡感，覺得歸根究柢是我的錯。我心裡開始出現一個想法，覺得自己很邪惡。我恨我自己，自己很邪惡的想法越來越強。

那是一九九〇年代初，銳舞（rave）[7]文化正開始席捲布拉福。在那之前，我其實很反對毒品，但我那時太迷惘了，又常跟會吸毒的人出去，漸漸地也對毒品不陌生了。我開始會用一些派對毒品，像飆（speed）[8]、快樂丸。一開始還滿有效的，可以讓我逃離現實和自己。我持續了兩三年，吸得越來越兇，但最後毒品開始不靈了，用慣了就會這樣。我幾乎每天晚上都在外頭混，覺得腦袋快要燒掉了。跟我一起混的那群人說：「喔，那你應該吸這個，可以幫你放鬆。」我實在很天真，我以為我抽的是大麻，但其實是海洛因。所以我就在甚至不自知的情況下抽起了海洛因。我不知道那可以用抽的，因為我總是把海洛因跟針筒、注射想在一起。

有一天，我那時期的男朋友來找我。當時我好像得了非常重的感冒，躺在床上起不來，他說：

「你那是發作啦，海洛因戒斷症狀。」我回：「我又沒用海洛因。」「你有啊。」你可能以為我當時就會決定不碰了，但我沒有。因為我實在太不舒服，而且只要一清醒，我所有不好的回憶、想法、羞愧感和罪惡感，又都會沖回來把我淹沒。

那開啟了地獄般的十年。我對快克（crack）[9]和處方藥也上癮了。那段期間，我兩度精神崩潰，吸那些藥讓我的心理健康越來越差，好像有一片烏雲如影隨形。我被分成兩半——真正的我和另一個感覺勢力越來越大的個體。它們好像無時無刻不在爭戰之中。

我開始聽見一個來自外部的聲音。有一陣子我沒辦法進浴室，因為我會聽見那個聲音叫我把自己殺掉。我不肯出門。我常常躲進櫥櫃，把自己反鎖起來，因為我聽見屋子裡到處都有聲音。有一次我被強制入院，接受思覺失調症藥物治療。有好幾個禮拜我都不知道自己人在哪裡，醫院的人說我的大腦為了自我保護，自動關閉了。在那之後，我必須吃非常大量的藥。我躲在精神病人的標籤後面，這樣我才不必面對人生。

我一直嘗試戒毒，但持續不了多久，結果每況愈下。我偷了我爸一大堆錢，最後他讓我被逮捕，希望這樣可以把我從惡性循環中拉出來。但就算發生這一切，我媽、我爸，還有我的家人——包括兩個兒子——仍然繼續愛我和嘗試幫我。我被開的藥越來越多，大部分時間都在睡覺。每週我只會在一個時候出門，就是和我男友一起去領我的藥。

之後沒多久，我覺得我無法繼續活在這座心的地獄裡，所以決定要自殺。我以前尋死過幾次，比較接近求救的吶喊，但這次我是認真的。我對這個想法感到好平靜。我花了一週作計畫，確保藥丸的數量足夠。我覺得很高興，終於找到出路了。

當那天來臨，我把備齊的藥丸排好，正在準備執行。我一點也不害怕。我是那麼絕望急切，已經想不到恐懼了。但在我臥室一角，放了一張護照大小、我兩個孩子的照片，那照片突然掉到地上。我看著那張我孩子的小照片，頓時被拉出了我在做的事。我跪倒在地板上，說：「上帝呀，如果你真的存在、如果你是真的，拜託幫幫我，否則我就要死了。」那一刻我知道，自己僅剩的希望，就是有某種「我以外的力量」存在。

家樓下剛好住著一個在藥物機構服務助人的太太，而我站到窗邊看，等她下班回家。她才進門，我就衝到了她家門口，真的是跪在她腳邊跟她說：「蘇，拜託你幫幫我，不然我真的要死了。」她後來跟我說，她看得出我是真心想尋求幫助。

兩個禮拜後我進了勒戒所，而且無論我需要住多久都可以得到無條件補助。這是很難得的待遇，大部分人只有最初的解毒期可以獲得全額補助。

妮琪的靈性覺醒發生在她進勒戒所數週後。經過六週的解毒，她開始接受更深層的治療，這是她戒治計畫規定的項目之一。雖然身體狀況好轉，但她的心理仍很脆弱。戒治計畫還包含親職教育課程，她很怕去參加，因為她知道一定會需要面對她對孩子的虧欠和悲傷。她的覺醒就發生在該去上課的前一晚：

我的每一寸都想走，因為我知道明天的親職課有什麼在等我。我想逃跑、想吸毒，好麻痺痛苦和恐懼，但我知道想著要逃離自己的結果注定失敗。不管我去哪裡都甩不開自己。最後連毒品都失效了。我真的伸出兩手緊緊抓住長椅，防止我自己走出去。我記得我對自己說：「我不會走。我不知道需要做什麼，但我不會走。」

我回到我房間，跪倒在地板上。已經無處可去，我已經把選項用完了。我決定我不會走，也不會吸毒。我唯一能做的，就是跪在地上祈禱。

我的內在湧出一股平靜祥和，把我整個人包覆在內。那是一種實際摸得著的平靜。我聽見一個聲音從內部傳來，瞬間明白我被原諒了、被接納了，也明白自己是被愛的。我被最洶湧澎拜的愛充滿，甚至包括對我自己的愛。這是件天大的事，因為我一直都恨透了自己。進勒戒所之前，我把家裡所有鏡子都翻面了，因為我對自己厭惡至極。我真心覺得看到鏡中有個邪惡的人在回望我。現在我卻感覺到這份洶湧的愛，愛我自己和所有的人。我從黑暗走到了光明之中。我真的一瞬間成了全新的人，不再被世界的重擔壓著，覺得輕盈自在。

那天晚上，我和我諮商師碰面，他發現不過幾小時沒看到我，我卻驚人地不同了。幾個禮拜後他才跟我說，他從來沒看過有人像我那樣上樓一趟，下來就完全變個人的。我開心地又唱又跳，感覺自己活像在飄。我進入了一個自己從未知曉的精神領域。

想用海洛因和想逃離自己的欲望消失了。我感到解放，但最強烈的是深深被愛和接納的感覺，還有那份對世界和自己的洶湧的愛。我記得覺醒之後有好幾個月，我走路都像在飄。那比快樂丸或任何我用過的藥都好太多太多，因為那是真正的喜悅。我透過一雙嶄新的眼在看世界，我感覺得到人們散發的氣場，他們的光和密度。我完全沒概念這是怎麼回事，也沒聽說過有人發生這種狀況。

我常會在房裡待上幾個鐘頭，只是對上帝說話、向內探索。我不再害怕自己了。我不知道未來會怎樣，但就是知道無論如何我都會很好。我真的會在房裡待很久很久，就只是坐著、觀察浮出的感覺，安心地被愛包圍。我已經不覺得以前那個人是我了。那個人非常沒安全感、善妒、自我中心，實在算不上什麼好人。現在我只感覺到愛，還有想幫助人的深層渴望。

基督教是妮琪唯一理解自己經驗的管道。因為她有重獲新生的感覺，她相信她是所謂「重生的基督徒」。她的小兒子搬來與她同住，不久後她搬回約克郡，開始非常熱心地參與一間教會的事務，那間教會她在藥癮纏身時期偶爾會去。她和戒癮前就與她為友的一位朋友凱絲一起幫忙帶領一個婦女事工會（women's ministry）。

但妮琪逐漸開始感覺不太對勁。她覺得受到限制、精疲力竭。她如此忙於教會活動，已停止了向內探索。她覺得需要離開教會一陣子，最後完全離開了。但沒了教會的支持，她感到孤立而脆弱，她的家庭也遭遇了一些困難，於是她進入一段錯亂的時期。她現在認為，她當時與真實的她——她的覺醒自我——脫節了，原因是錯誤解讀她的經驗，目光過度集中於宗教的外在層面和被形塑的層面。

不過後來，妮琪在一個機會下搬到鄉間。鄉間的開闊和清幽幫助她重新連起斷裂，以及向內探索。她開始讀其他靈性文學，不只特定的基督教書籍，並且意識到她必須重新將自己的靈性旅程擺在首位，不能被組織化的宗教侷限。這就是妮琪的第二次覺醒：一段漸進、與十七年前誕生的覺醒自我重拾連繫的過程。最後，她終於建立了一個發自本身的框架，來理解那段經驗。

> 起初，我覺得褻瀆了上帝，但內心深處知道自己做的沒錯。有一瞬間我豁然開朗。我知道我必須放開一切，包括我的觀念和信仰。我必須和我的靈性之路接軌，繼續我的內在旅程。從那時

起，我一天天逐漸覺醒。那是一段走回真我的過程。

現在我覺得好像大夢初醒。我發現過去跟著我的烏雲，是思想的烏雲。發現我並不等同於我的思想，是我今生最解放的體驗之一。現在就算思想的烏雲飄來，我也可以注視它們經過，不必一頭栽進去，把它們看作等於我、屬於我的東西。這讓我覺得我是真實的我，有很深的心安和滿足。我沒有特別想做什麼或變成怎樣的欲望。我滿足於「在」。我感到我被自然的生之流帶著。彷彿遠征已經結束，再沒什麼需要追尋。我到家了。我為此由衷感激。

我以前把上帝想成一個獨立的整體，現在我感到我和上帝之間沒有區隔。我們是一體的。萬物皆起自同一個生命、同一道源頭。

妮琪的故事，不僅讓我們看見令人驚嘆的靈性蛻變——一個新自我從破碎舊自我的灰燼中誕生——也突顯出建立一個「發自本身的框架」來理解靈性蛻變的重要性。妮琪曾試圖以基督教的框架理解她的蛻變，結果導致錯亂和與覺醒自我疏離。錯亂只在表面，但製造出一堵牆，過了許久才被翻越。

妮琪的故事彰顯了靈性覺醒不是旅途的終點，而是新旅途的開端。覺醒常是一段艱辛的調適與整合過程，需要自我理解和自我接納才能完成。不過就像前文所述，幾乎所有我知道的案例，即使可能需時多年，到最後覺醒都得到了整合。

「我的整副心靈都換了」——伊芙的故事

靈性覺醒並沒有鐵則，只有一些多數案例都會出現的模式。大部分人（比如妮琪和上一章的唐娜）蛻變之後，會經歷很長的調適期；另一些（比如帕克）則似乎能一帆風順，輕鬆度過這段過程。我們接下來要讀到的故事，就是後者的好例子。伊芙（Eve）的故事同時也是我遇過最突出的忽然擺脫癮症案例，並且是我至今研究混亂中蛻變裡最令人驚嘆的故事之一。[10]

伊芙四十八歲，來自蘇格蘭愛丁堡，她個性活潑開朗，總是閃耀著健康活力。她經營著一家替企業籌辦會議和其他活動的公司。若你碰見她本人，你會很難想像直到九年前[11]，她都過著極端混亂痛苦的生活。不過，似乎也沒有必要將她今天和過去的生活相比，因為我們可以毫不誇大地說，她已經不是過著從前人生的那個人了。

伊芙的故事不同於常的另一點，是她和許多成癮者不同，其童年並未受到傷害。她的家庭環境穩定，雙親關愛孩子，且道德標準甚高。她父母沒有抽菸或喝酒的習慣，婚姻關係和諧。其他兄弟姊妹都功課很好，長大後進入中產階級行業、過著安穩成功的人生。伊芙想不出是什麼原因導致她的人生與他們差這麼多，又或者使她走上酗酒之路。她說：「感覺像我天生有問題。」

伊芙五、六歲時開始出現任性的行為。她會偷她外婆的菸來抽，也會偷她媽媽或外婆皮包裡的錢。

她在學校會擾亂課堂，被規定和其他同學分開坐。十歲時，她因為自己溜進教師室，還翻出一位老師的菸來抽，被小學停學一週：

我不知道我為什麼做那些事，但某種程度上都是出於恐懼。我有一種與所有家人和其他同學都格格不入的感覺。我總覺得一個人在外面旁觀，完全和大家隔絕。我不覺得我有融入或知道自己在幹麼。其他人好像都知道自己在幹麼。

伊芙大約九、十歲開始喝酒。她父母本身不喝酒，但有個為客人準備的酒櫃，伊芙會把不同酒類混合在一只隨身酒壺裡。她把酒壺藏在她臥室，每天早晨上學前拿出來喝，說是這樣可以消除她的恐懼。到了十三歲，她晚上會和朋友在公園喝酒。朋友們飲酒還有其極限，但伊芙的酒量卻好像比所有人都好，總是喝不夠。

十五歲時，伊芙離開了學校，當起見習廚師。工作處的廚師們有大量飲酒的習慣，她不在工作的時候就都在喝酒——午後休息時段喝，晚班結束也喝。這時她已成為不折不扣的酗酒者，她開始會喝到失去意識，讓自己陷入危險。伊芙說：「我會在可疑的地方醒來，身旁躺著年紀比我大的可疑人物，而且不記得發生什麼事。我變得浪蕩，會隨便跟別人回家，因為他們有酒可以讓我繼續喝。我的自尊因此又更殘破了，而這一切都只讓我想再來一杯，因為喝了酒就不會覺得自己那麼糟。」

十八歲那年，伊芙的外婆過世，留給她一筆財產。她父母決定送她出國，讓她離開身邊那些嗜酒的人。但這計畫造成了反效果。她飛去義大利，很快就在一間酒吧找到工作。酒吧員工可以免費享用飲料，伊芙說：「我有幾年日日夜夜都酩酊大醉。我的行徑非常惡劣。我覺得有家庭、去看電影的人是失敗者。我覺得我自由奔放，其他人盡是些無趣的傢伙。」

伊芙有個美國男朋友，是她工作的酒吧店長。他決定回美國時，她也跟著去了。但那段關係沒有長久，最後，她落腳在一座拖車公園：

拖車公園裡住的人，大部分道德標準都比我高。我已經道德破產，我的行徑又更詭異了。我沒有一刻是清醒的。我也會吸毒。有什麼我都會來一點，我甚至都是吞下肚以後才問那是什麼。但相較於酒，毒品總是次要的。有一回我吸了點海洛因，過了幾小時清醒過來，看到咖啡桌上有瓶沒開的拉格啤酒，我心想：「這可不行，毒品擋了酒精的路。」

我除了對酒上癮，也對惹麻煩上癮。如果你狂飲或喝到失去意識，就會招來一堆麻煩。我沒有能力做清醒、理智的決定。我做的所有決定都很糟、很危險，而且都和酒脫不了關係。我的求生本能比不上對酒精的沉迷。好多次我都陷入危險的處境。這些年來我被強暴過太多次，也遇過非常多其他暴力。我不曾報案，因為我覺得自己毫無價值，發生這些事也無所謂。

最後，伊芙被美國驅逐出境。接下來幾年，她在英國四處漂泊，一個城市換過一個城市，一份工作換過一份工作。她告訴我：「我會搬到一個地方，表現出很陽光的樣子。人們會覺得我是個有趣的人。但他們不久就會識破我了。我會騙他們、偷他們的東西。」

她有次酒醉駕車被捕，十五年內禁止駕駛，但她還是無視禁令繼續開車。她執行了社區服務、接受諮商、參加藥物及酒精認知課程，但毫無戒酒之意。即使身體健康開始惡化，她也依然故我。她因腎臟感染就醫，被告知她的肝臟是常人的三倍大。她離開醫院，就直奔酒吧去了。

伊芙又遇上更多暴力的男人。有名男子企圖在一條窄巷裡勒死她，若非路人及時阻止，她可能真的會喪命。還有一次她被一名已定罪的殺人犯劫為人質，所幸幾天後成功逃了出來。她還是沒向警方報案，因為她覺得自己活該被殘暴對待。

最後，伊芙每天大約會喝十到十二瓶葡萄酒——喝葡萄酒的理由是她覺得這樣社會比較能接受。她一早醒來就會空腹開始喝酒，但此時酒精已對她失去作用。她喝酒只是為了止住顫抖和酒癮的症狀。如果她超過四十五分鐘不喝上一杯，便會被驚恐和妄想的感覺淹沒。她會出現幻覺，感覺四周有邪惡的存在潛伏著。

底下這段描述裡，伊芙述說了她崩潰的最後階段，和那之後不可思議的蛻變故事：

我落得無家可歸，因為自己把後路都切斷了。我家人什麼方法都試過。我被送進機構，但翻牆落跑了。什麼都沒用，我只想喝酒。我會打給撒瑪利亞會（Samaritans）[12]，在電話這頭哭上好幾個小時，眼睛都要哭瞎了。歡樂時光已經結束。

我跟所有人的關係都破裂了，成天只是在街頭遊蕩。怪的是，某方面來說，那是我最輕鬆的時候，因為我已經完全放棄自己，就只是自在喝酒。我不用試著掩藏這件事，可以大剌剌地在街上開喝。

這段日子以我企圖自殺收尾。我的自殺並不是一種求救。酒精已經失效了，我在身體上、情感上、心靈上都完全崩潰。每當我從醺醺然中醒來，就會好失望我還活著，有一種恐怖的感覺——「天啊，我還活著。我要怎麼熬過這一天？」我是個廢人，一具空殼。我會走個幾步，然後就走不下去，不得不坐在或躺在人行道上。我沒有活著的意義，沒有可以給的東西。我會想：「我撐不下去了。我太弱了。就算我喝酒，頂多也只能維持一小時，之後妄想和幻覺又會開始。」

我走到一部時速六十的巴士前面，衷心期盼自己被撞上，但巴士及時閃開了。警察來了，我以為我會被逮捕，但那個警察想幫我。他問我：「你怎麼這樣對你自己？怎麼這樣對自己的生命？你沒有人可以聯絡嗎？有沒有哪裡可以去？」

我好一陣子沒跟我父母說話了。這一切超出他們的負荷——我讓他們傷透了心。但我告訴警察可以打給他們，於是警察把我帶回我爸媽家。

奇蹟就在那時發生了。我媽說：「我是不是應該給你酒？」我說對。她倒了點紅酒給我，那是我迫切需要的。我因為戒斷症狀，全身抖個不停。我拿起杯子，舉起，又放下。我不停地把杯子舉起再放下，但其實不是我在放下杯子。那真是太奇怪了。我會心裡想著「我不喝不行」，然後手又把杯子放回去。

醫生讓我昏睡了幾天，醒來時，我沒有想喝酒的感覺。打從我有記憶以來，我沒有一刻不在想喝酒的事。永遠在想下一杯、想下一杯要從哪裡來。竟然，就這樣突然終止了。

我醒來後，我媽讓我坐在一面鏡子前面，說：「看看你自己，你是個酒精中毒的人。」我當時三十九歲。我看著我自己，那是我經歷過最不真實的時刻之一。我完全不曉得我是誰，我無法把自己和鏡中的人作連結。那可能是別人，感覺根本不是我。我對我媽說：「那是誰？」她說：「你呀。」我說：「不可能，不是——我不認識那個人。」

那真是太奇怪了。我沒下任何決心，我什麼也沒做，但對酒的需求和渴望就這樣不見了。我現在在匿名戒酒會幫忙，我們總會告訴人說，他們必須改變行為。但我根本沒改變什麼。我的行為自動變了，我的人自動變了，像魔術一樣。曾經，我是個會說謊、會偷竊，什麼都幹得出來的人，現在我已經變成這個誠實、親切的人。我媽說，我就像換了一副心靈一樣，好像整個人格都換了。這正是我的感覺。

九年過去了，伊芙至今仍沒有沾過一滴酒，也不曾有想喝酒的欲望。她現今在匿名戒酒會工作，非常清楚有眾多戒酒者長期為重拾酒杯的衝動掙扎，她自己卻從未如此。她說：「我為那些戒酒不順利的人難過，但我自己並沒有這種經驗。就算在低潮，例如失去我媽媽的時候，我也沒有半次想過要喝酒。」

伊芙的蛻變最初使她有些困惑，但困惑不久便平息，她開始產生解放與歡欣的感覺。她體驗到一些震撼的瞬間，以她的話來說，那些時候「我覺得和一切都超有連結。」當時她不曾聽過靈性，但開始透過匿名戒酒的集會得到相關知識，並意識到她的蛻變可以由靈性的角度來解釋。事實上，匿名戒酒會的同伴後來告訴她：她第一次去她所屬的團體時，看起來憔悴破碎得像快死了。他們還說，他們從沒看過一個人有這麼大的轉變。

回憶她經歷的驚人蛻變，伊芙這麼對我說：

人生總有起起落落——前幾年我媽走了，我很愛她，她是我的全部。但我可以誠心地說，比起我以前的生活，我後來度過的每一天都算還不錯。我覺得一身輕，覺得充滿感激。歡欣和解放感一直都在。我的生活簡單安靜，我會注意到讓我欣賞的小事情。一開始會有人跟我說：「你現在只是處在興奮狀態，很快就會消了，你過陣子就要回到現實了。」我會回答：「不用了，謝謝，我要一直待在這種狀態。」而且我辦到了！

不必再說謊真是太好了。不再害怕真是太好了。我什麼也不擔心。我有種內在的信任。我的整副心靈都換了。雖然經歷了那麼多恐怖的事，我卻沒有創傷，我一點也不恨那些傷害我的人。我發現要原諒人非常簡單，我不想拖著一箱子的後悔到處走。很多人做十二步驟不順利，因為他們不想反思過去，他們覺得太痛苦了。但我欣然接受，毫無保留地投入進去。現在我生活的重心就是幫助別人，尤其是有酒癮的人。

這就好像從一個世界被拋射到另一個世界似的。某種東西——更高的力量、宇宙、上帝，還是什麼都好——去除了我的酒癮、讓我戒酒，而背後必然有一個理由。

從成癮和創傷中解脫

伊芙的故事最有意思的面向之一，是母親要她看鏡子時，她認不出自己。這清楚顯示了人在突然靈性覺醒或混亂中蛻變時發生的身分轉變。企圖自殺後不久，伊芙的舊身分便消融了，一個新身分取而代之。她舉起又放下酒杯的奇異經驗同樣透露了身分轉變，她描述那時「不是我在放下杯子。」

如同妮琪和上一章的帕克，伊芙描述了她想喝酒的欲望突然完全消失，從此未再出現。九年來，她從未有過重拾酒杯的衝動。如同伊芙所說，這和大部分酗酒者或成癮者形成鮮明的反差，大部分人每天都必須為此掙扎。妮琪的蛻變經驗也與此相同。她表示自從覺醒以來，她從來沒有使用藥物的欲望。妮琪告訴我，在戒治課程中站起來說「我叫妮琪，是一個成癮者」會令她不自在，因為她覺得已經擺脫癮頭了。因此她改成站起來說：「我叫妮琪，我沒有癮了！」

有位叫安珀（Amber）的女士，和我分享過一個與伊芙相似的故事。她的酒癮導致她兩度企圖自殺，最後爆發成一場她描述為「壯闊、奇蹟似」的瞬間覺醒。覺醒的同時，突然間「想喝酒的欲望平息了。」安珀現今在餐飲業工作，為客人準備酒飲是她日常的工作。她告訴我：「我倒酒、調酒。到桌邊開葡萄酒時，我一定要試聞酒的味道，確認沒有瑕疵，但我對酒沒有半點渴望。這些改變都是一瞬間發生的，那時我根本還沒走進過匿名戒酒會。」

就像妮琪一樣，安珀不解自己怎麼無需他人協助，就輕鬆戒酒成功了，然而她在匿名戒酒會遇到的其他人，都要掙扎許多年才能完全戒酒。如今她的轉變已時隔三年，她說她活在一個充滿感激、無畏、希望、愛、快樂和接納的世界裡。「我過去唯一想要的，就是當個正常快樂、沒有癮的人。現在我覺得我都有了。」

癮症解除誠然是種奇蹟般的現象，無疑也需要投入更多研究。然而，它是一種可以解釋的奇蹟，至少能解釋到某個程度。讀者或許還記得，上一章帕克的精神科醫師猜測，他藥癮消失的原因，是大腦控制欲望和渴望的額葉起了某種化學變化。但比起化學因素，這種現象更可能是心理暨靈性因素造成的。

混亂中蛻變包含了死亡與新生。一個身分死去，一個身分誕生：人的小我死了，而一個潛在、更高功能的覺醒自我取而代之。死去的小我身上背負著成癮者對酒精或藥物的沉迷，剛誕生的新自我則沒有任何癮頭。畢竟它才剛形成，又怎麼會有呢？換言之，在上述案例中，消失的與其說是癮，不如說是上癮的那個自我。安珀告訴我，雖然她自殺後被救了回來，但她覺得她當時**確實**死了。從心理的角度來說，這樣描述完全正確。

妮琪和伊芙的蛻變，還有一個耐人尋味的面向，亦即她們都脫離了過去創傷的影響。伊芙非常清楚地道出了這點，表示「雖然經歷了那麼多恐怖的事，我卻沒有創傷。」承受過嚴重的暴力與傷害——在伊芙的案例裡甚至是長達三十年的駭人經歷，包括多次被強暴和施以其他暴力——卻明顯沒有焦慮、罪惡感，或其他創傷後壓力症候群的症狀，真的是非比尋常。事實上，妮琪和伊芙兩人的心理健康都非常良好。

如同癮症的消失（以及帕克和西蒙身體病痛的消失），這種擺脫創傷的現象，只有透過新身分誕生較能解釋。妮琪和伊芙的創傷，連同她們的癮一起和舊身分一同逝去了。她們的新身分並不受創傷影響。畢竟這個新自我沒有過去、沒有經歷，又怎會有創傷的痕跡呢？（下一章我們會再詳細討論這種擺脫創傷的現象，因為它不只涉及成癮相關的蛻變。它和所有混亂中蛻變都有關。）

從這個角度來看，為癮所困而蛻變具有重大的意義，因為它清楚呈現了本書的中心主題：人的小我身分消融，正是一個潛在、更高功能的覺醒自我取代的過程。在妮琪或伊芙這樣的案例中，兩個自我之間的差別明顯可見。我們可以看見有個新自我出現，身上完全沒有困擾舊自我的癮和創傷。

這就帶我們來到了下一章的門前，我們將從描述蛻變經驗往前一步，進入解釋這些經驗的階段。

1 *Alcoholics Anonymous*, 6–7.

2 編注：指佛教徒修行達到涅槃境地的八種途徑，分別為正見解、正思維、正言語、正行為、正生活、正精進、正意念、正禪定。

3 編注：在《瑜伽經》中，八肢為瑜伽的八個基礎，分別為持戒、精進、體位法、呼吸調息、感官收攝、專注、冥想、三摩地。

4 毫無疑問地，許多正在復元的酗酒之人確實透過對十二步驟法的遵循而經歷覺醒。紐約大學醫學院在二〇一四年進行一項研究，調查了一百六十一名匿名戒酒會長期成員的經歷；這些成員據報告稱已靈性覺醒。大多數覺醒是漸進而非突然的，並發生在「谷底」之後。值得注意的是，有三分之二的研究參與者表示，目前他們並不渴望酒精或毒品，這說明突然癮症戒除的現象很常見。（參考資料：Galanter, Dermatis, and Sampson, "Spiritual Awakening"）。

5 Liebschutz *et al.*, "Relationship between Sexual and Physical Abuse."

6 編注：英國政府為弱勢群體提供的福利租房，多給人較髒亂、龍蛇混雜、治安不佳的印象。

7 編注：為一九六〇年代倫敦加勒比海裔居民稱呼「派對」的俚語。

8 編注：主成分為甲基安非他命的興奮劑。

9 編注：結晶狀的古柯鹼，使用方式是加熱後吸入其煙霧。由於加熱過程中會產生「啪啪」聲，因而得名。

10 另兩個有關癮頭突然戒除的故事，請見我的著作《衝破黑暗》第五章。

11 編注：本書英文版於二〇二一年九月發行，因此推估此處應是指二〇二一年之前伊芙的人生狀態。

12 編注：該機構以英國和愛爾蘭為基地，致力於協助為情緒或自殺意圖所困的人。名稱源自《聖經》好撒瑪利亞人（the Good Samaritan）的故事，但該機構事實上並無宗教立場。

第八章　解釋混亂中蛻變

我很喜歡一個觀點：有些現象單純是神秘或神奇的，要解釋它們並沒有太大意義。我享受閱讀量子力學，因為它似乎沒有道理可循。粒子可以相隔千里卻互有關聯；粒子會一下存在、一下不存在；它們可以同時在又不在任何地方；還能同時既是波、又是粒子。

有些作家認為，靈性經驗也超越了能解釋的範圍。心理學家亞伯拉罕・馬斯洛（Abraham Maslow）相信，他稱為「高峰經驗」的極致快樂瞬間是自發、神秘的，人們毫無辦法主動造成。[1] 然而，儘管混亂中蛻變確實猶如奇蹟，我卻不認為它完全神秘。我相信它至少在某種程度上是可以被解釋的。

在解釋它之前，我想先用簡短的篇幅，強調一下本書目前出現的幾個重點。如同我在〈前言〉提及的，與書裡這些蛻變者訪談，令我深受鼓舞和啟發。即使當我重讀譬如伊芙或唐娜的故事，也會感動得掉眼淚。他們在經歷這麼巨大的痛苦後，不僅能毫髮無傷地站起來，而且還獲得解放和蛻變，重生為更高功能的覺醒之人，實在非常令人讚嘆。

與此同時，從學術觀點來看，我發現這些蛻變者的經驗極其有趣。它們使我注意到混亂中蛻變的一些面向，是在我先前研究中比較不明顯的。有些我們已在前面的章節、特別是前面兩章提過，但我相信稍作強調和整理還是有利於參考。

癮症、創傷、疾病的消失

雖然漸進的混亂中蛻變也時而可見，但最常見的發生形式是一瞬間的身分驟變。蛻變者的舊小我崩解或消融，一個取而代之的新身分出現。這個新身分與過去的身分毫無相似之處，因此蛻變者常會覺得自己像個完全不同的人，只是住在原本的身體中。有些表面的人格特質會留下來，蛻變者也仍保有先前身分的記憶（即使他們無法從這些記憶直接聯想到自己），但身分的核心本質已完全不同。蛻變者會擁有新的感知世界的方式、價值觀（例如變得較不物質主義，較有利他精神）、與人交往的方式、與時間的關係（亦即較關注當下，較不以過去和未來為導向）等。

上一章我提到，身分轉變可能表現為另外幾種耐人尋味的現象。首先，我們討論了癮症解除，亦即背負著癮的舊自我死去，被沒有癮的新自我取代而產生的現象。理論上，所有成癮相關的混亂中蛻變應該都會發生癮症解除（至少猛烈的蛻變一定會）。這是我希望未來能進一步研究的領域之一。

其次，我討論了過去創傷消失的現象。這不只發生在妮琪和伊芙身上，也發生在本書不少有過嚴重創傷的蛻變者身上。比如第三章描述的阿南塔，她經歷了日本監獄的痛苦艱難後，顯然並未留下任何創傷後遺症。而第六章的唐娜，也擺脫了造成她憂鬱和心理不協和的童年創傷。就像癮症的情形，這個現象也只能以新自我的出現解釋。帶著創傷的舊自我消融，一個沒有創傷的新自我從此誕生。就像癮症的情形，新生的自我沒有過去、沒有經歷，當然也就不會負有任何創傷了。

第三種展現因混亂中蛻變而導致身分驟變的可能方式，是身體病痛的突然消失。我們在第六章中看過相關的例子。西蒙提到他的腸胃問題瞬間消失，帕克則說他的慢性背痛減輕。相同地，這可以用舊身分死去、新身分誕生來說明。眾所皆知，許多身體病痛是身心的，亦即由於壓力、煩腦、憂鬱、壓抑創傷經驗等心理因素所導致（或加重）。混亂中蛻變發生時，這些心理特質會隨著小我一起蒸發不見，因此它們造成的身體病痛也跟著蒸發了。這也是一個我期盼深入研究的領域。若能得知這類經驗在混亂中蛻變裡有多普遍，想必會非常有意思。不過，由於並非所有病痛都是身心的，所以這個現象可能只發生在某部分案例上。[2]

儘管很難斷言，但這些效果似乎也在漸進的混亂中蛻變裡出現。第一章，我們讀到了格斯、蓋瑞、大衛三位軍人的漸進蛻變故事。其中尤其是格斯和大衛，曾患有嚴重的創傷後壓力症候群，然而隨著他們逐漸覺醒，症狀也慢慢消失了。

「新我」，非「無我」

我在《飛躍》中主張，靈性覺醒並非如某些靈性導師或傳統所認為的，是一種無我狀態。嚴格來說，清醒是一種新我的狀態，本書就提供了許多例證。

讓我們用房子來打個比方。混亂中蛻變發生時，就好像房子突然垮了（若為漸進的蛻變，則像是慢慢被拆解）。但混亂中蛻變裡，房子消失後並不是只留一塊空地，原本的位置上會出現一座新結構。如果只有一塊無我的空地，人就無法在世界上運作。沒有心理結構或身分意識時，人會無法集中注意力、記住資訊、制定計畫、規劃生活。當內在真的「空無一人」，只有一塊經驗的空地時，人會陷入精神病的狀態。混亂中蛻變的一些案例裡，新房子的結構得經過一陣子甚至數年，才能達到穩定並充分與全體整合。但一旦新心理結構終於安妥，蛻變者都感到能以遠比從前更高的功能在這世界上運作。

換言之，本書介紹的蛻變者們並沒有變成空無，而是變成了不同的人。如同我在《飛躍》指出的，我們很容易誤以為清醒是種無我狀態。這是因為覺醒自我與舊小我自我截然不同，是一種更隱微、更易變，不具有固態核心的的自我。它和世界隱微地相連，沒有分離感，所以可能顯得像「空無一人」似的。儘管如此，清醒自我仍有它的「自我系統」，即一套特有的心理結構和運作程序，包括特有的一種身分意識。

清醒狀態的一致性

混亂中蛻變產生的新自我，具有高度一致的特徵。在本書分享故事的所有蛻變者，對世界的感知基本上都是相同的，因為他們是透過同一類型的自我系統、同一類型的心理結構在經驗這個世界。

延續剛才房子的比喻：人們平常住的房子，是種特定類型的自我系統，由特定的心理結構和運作程序所構成。它們會產出特定類型、對現實的感知和經驗，而我們一般認定這就是客觀真實，彷彿沒有別種經驗現實的方式。舉例來說，一般自我系統的主要特色有二：一是以自動化、習以為常的方式感知周圍世界；二是擁有牢固的自我邊界，給予我們一種「位於」自己腦中，與世界其他部分二元對立的感覺。

每當有人經歷靈性覺醒，他們內在就會出現另一種新類型的自我系統，由另一套共同的心理結構和運作程序所構成。這就好比混亂中蛻變產生的新房子，都是依據相同的設計圖和材料建造的。這種自我系統的特色包括對周遭有永遠新鮮生動的感知，不再是自動化、習以為常的感知方式。它不具有邊界或牢固的位置中心點，因此對世界感到連結和參與，而非區隔二分。此外，這種系統中並沒有孤立、焦慮的小我自我在那喋喋不休。思考仍然可能進行，但方式較慢、較靜，且不會發生與想法同化的情形。因此，比起人類的一般自我系統，清醒狀態的自我系統是個宜居許多的環境。

我在附錄中，點出了十八項清醒狀態的主要特徵，大致上涵蓋四個領域：感官、情感、觀念（或認知）以及行為。雖然本書受限於篇幅沒能詳細分析這些特徵，但我相信，細讀前七章任一則蛻變者的故事，皆可以辨認出絕大部分特徵。讓我們隨意舉幾項為例：所有我們讀到的蛻變者，都變得較少與想法同化、較不物質主義、較有利他精神了。他們也都發展出更強的感受力、更寬廣的視角，減少了對死的恐懼，增加了連結感、欣賞力、幸福感，而且更享受孤獨與安靜。

據我先前的研究來看，清醒狀態的人通常會經歷到所有（或幾乎所有）這些特徵，雖然可能有些較顯著、有些較不顯著。實際情況常取決於人格特質，例如性格較內向的人，可能會突顯內在安靜和能夠「在」等特徵；性格較外向的人，則可能會突顯關係增進和利他等特徵。清醒程度的不同也會造成變化。顯而易見地，清醒程度越高，特徵的表現便越強烈。

一個人經歷混亂中蛻變時，清醒狀態的自我系統會自然地發展出來，彷彿它原本就潛伏於蛻變者內在，一直在等著現身。這不禁讓人覺得，這種新自我系統或許潛伏於所有人類內在，正等著作為人類演化的下個階段、於未來某時某刻現身（最後一章我們會再回來討論這個觀點）。

自殺與靈性覺醒

這次研究使我發現的另一點，是自殺和靈性覺醒之間的關聯。我們讀到好幾位蛻變者都一度認真考慮自殺，尤其是第六、七章中。其中有些（比如第四章的蘇西、第六章的唐娜和帕克、第七章的妮琪）已制定出尋死計畫，上一章的伊芙甚至實際嘗試過自殺。[3]

自殺怎麼會與靈性覺醒有關呢？誠如我在第六章指出的，這是因為思索或企圖自殺顯示了自我的徹底崩潰。此時所有心理依附——所有讓我們覺得有身分、幸福快樂的想法，諸如希望、野心、信仰、自尊心、對地位和成功的意識——皆已煙消雲散。這類心理依附很大程度上是構築小我的磚瓦，少了它們，小我將支離破碎。同樣重要的是，意圖自殺代表一個人進到了投降和接納的狀態。想一死了之，表示我們已放棄一切改變人生或改變自己的想望或努力。而如前所述，接納（或投降、放手）的心態常是混亂中蛻變的催化劑。

然而必須指出的是，靈性覺醒恐怕不是自殺未遂的**常見**效果。大部分自殺未遂者會繼續嘗試輕生——事實上，判斷自殺率的一個重要指標，是此前嘗試自殺的紀錄。假如自殺者一般都會覺醒，顯然不會出現上述情形。

這就帶出了一個問題：為何人會混亂中蛻變，又為何不是每個人都會？下面一節將闡述我對於混亂中蛻變的現象的解釋，並回答幾個相關問題。有些觀點和議題在前幾章也曾談到，但此處我會提供比較精簡的整理。為求更好吸收，我用簡單的問答形式來呈現這一節。

為何人會混亂中蛻變？

混亂中蛻變是小我消融的結果，而後者可能以兩種方式發生。第一種是由於重度的震驚、焦慮、壓力或憂鬱產生的強大張力，導致一個人的心理結構崩解。這種情形一般是心理不協和與張力累積數年、甚至數十年後才會發生。比如第六章，我們看到西蒙在多年的壓力與焦慮下蛻變，而唐娜和帕克則是經過長年憂鬱而蛻變。然而，驟然的震驚也可能導致小我消融，就像我們在第四章看到的失去親友後的蛻變。回到房子的比喻，可以說：失去親友的震驚就好比一場突然的強震，震垮了小我的房子；其他案例的情形（例如唐娜和帕克）則猶如經年累月的小地震令房子越來越不穩，終於傾塌。在許多人身上，小我的突然崩塌只會帶來一場精神崩潰（psychotic break），包括與此相伴的所有痛苦，卻不會造成蛻變。但在少數人身上，崩潰成了「向上轉化」的契機。一個新身分翩然出現在小我消融留下的真空中，就像一隻破蛹而出的蝴蝶。

小我消融的第二種發生方式——也是我在研究中較常見到的——是心理依附瓦解導致。如同前面關於自殺的段落所述，依附是一種心理建構，能構成我們的身分，並帶給我們安全感和幸福感。平常時期，我們依附著許多心理建構，比如對未來的希望或野心、關於生命或世界的信仰、我們累積的知識、我們的成就和功績、我們的外表。更具體的層面上，我們可能對財產、社會角色（身為妻子、丈夫、父親、母親、某職業等），或我們想贏取稱讚或關注的人產生心理依附。這些依附是我們身分的磚瓦。我們因為擁有某些希望、信仰、地位、工作、關係、職業等，而感到自己有「某個身分」。

然而，當遇上危機和混亂，我們的心理依附會開始分崩離析。事實上，這是大部分心理混亂或憂鬱的根源：由於依附被去除而感覺迷失、走投無路。我們失去了支撐身分的希望、地位、信仰（和其他各種依附），而這使我們感覺空虛、破碎，內心充滿不協和。我們的一切都被剝除殆盡，赤裸而絕望，覺得自己似乎已被摧毀。

矛盾的是，此時我們離蛻變特別近。舊小我的消融會在我們內在留下一片空間，使一個更高的自我有出現的機會。這個更高自我一直都潛伏於我們內部，已經完全成形，只等著甦醒的時機。過去，空間都已被舊小我占滿；但如今，它得以從舊小我的灰燼中升出，像隻鳳凰，成為我們內在常駐的新身分。

現在就讓我們回顧一下本書涵蓋的各種混亂類型，檢視每種類型如何造成小我的消融。我們將發現，這些相異的混亂類型都具有極高的靈性潛能，正是因為它們都導致了小我消融。

以下要請讀者記得，前述的兩種小我消融並不容易區分，經常或多或少兩者兼有。或許沒有人能完全不感到焦慮或壓力地度過心理依附瓦解的整段過程，因此多數案例中，某種程度上，會同時有兩種過程在破壞小我。小我的房子一方面被焦慮、壓力、憂鬱的地震搖撼，一方面也隨心理依附的瓦解被一點一點拆除。

我們在第二、三章看到，遭受監禁有豐沛的靈性潛能，主因是受刑人被迫捨棄他們的心理依附，使他們失去了原有的身分（獄中生活的發呆和孤獨亦相當關鍵，讓受刑人有機會自我反思和自我探索）。獄中之人已沒有社會角色、地位、成就、財產、希望，和定義他們的所有一切；那些都被留在監獄的圍牆外了。於是，失去所有參照點和支點的小我灰飛煙滅，而至少有些案例中，一個嶄新的自我會從灰燼中浴火重生（這也是英國受刑人靈性支援組織「獄中鳳凰信託」名稱的由來）。

第四章裡我們看到，失去親友的靈性潛能也相當地高。如前所述，主要的原因可能是親友驟逝帶來的壓力和震驚，但無疑地，心理依附瓦解同樣也是重要的因素。失去親友會直接和間接地破壞依附。首先，和逝者有關的依附會直接瓦解，不只是我們對逝者個人的依附，還包括我們對他們扮演的角色，比如丈夫、妻子、母親、父親。較為間接地，我們的野心、信仰、財產、地位等種種依附可能在痛失摯愛的打擊與憂鬱中顯得毫無意義，以至於我們索性放開了它們。

後一種情形，也發生在人面對自己的死亡時。第五章探討的生死經驗能導致靈性覺醒，原因之一便在於此。與失去親友相似，意識到自身死亡的可能，有時會使人脫離心理依附。我們可能突然意識到自己的地位、成就、財富、財產一點意義也沒有。對未來的希望和野心似乎不再有意義，因為我們可能連未來都無法擁有。財富和財產也變得沒有意義，因為它們可能不會再屬於我們多久。這也是癌症患者的靈性潛能特別高的理由，癌症會使人強烈意識到死亡的真實和無可避免，甚至因此放開心理依附。

回頭談談第一章討論的「軍中蛻變」。我相信作戰之所以有相當高的靈性潛能，主因是作戰涉及生死經驗。事實上，第一章介紹的所有退役軍人，都描述了走過生死關頭或目睹他人死去的經驗。格斯描述了他在福克蘭群島等待開戰時對死亡的恐懼，以及覺醒那瞬間恐懼的消失。大衛講述了發現一位垂死的伊拉克士兵、陪士兵度過最後一刻的往事。另一方面，就像失去親友，戰場上的嚴重焦慮和壓力可能也是蛻變的重要因素。

瀕死經驗的靈性潛能，比失去親友或作戰又更高，甚至可能是人類所有經驗中最高的。經歷了瀕死經驗的人不僅走過生死關頭，且幾乎都體驗到神秘的愛、光、喜悅以及可能遇上善靈或過世親人的靈魂出竅。這些神秘體驗和靈魂出竅體驗會造成強大的蛻變效果，故提高了瀕死經驗的靈性潛能。

最後，為癮所困基本上就是一段心理依附瓦解的過程。類似妮琪和伊芙經歷的長期成癮會使人逐漸失去一切。成癮者逐漸失去社會角色和地位、與親友的情感連結、自尊、對未來的希望和野心，多數人最後連金錢和財產也會散盡。演進到最後，套用匿名戒酒會的說法，成癮者終於「跌到谷底」。他們到了完全迷失破碎的地步，小我的房子被拆得一點不剩。而這就表示內在空了出來，潛在更高自我有機會出現了。

為何只有部分人會混亂中蛻變？

我演講混亂中蛻變這個主題時，常有聽眾問，為何不是每個人都會混亂中蛻變？我們每個人在生命中某些時刻——通常是**很多**時刻——當然都經歷過強烈的心理痛苦。例如人人都失去過親戚朋友，大部分人都經歷過嚴重的壓力、憂鬱，或疾病。既然如此，為什麼不是每個人都靈性覺醒了呢？

對於本書較不尋常的幾類混亂，同樣可以問這個問題。既然所有軍人都曾面對死亡、承受嚴重壓力和焦慮，怎麼沒有更多軍人經歷混亂中蛻變呢？怎麼沒有更多受刑人或成癮者靈性覺醒？

我非常肯定，混亂中蛻變比人們意識到的普遍得多。我相信我們之中有幾千、幾萬，甚至幾十萬人其實經歷過蛻變，但不明白自己發生了什麼，也沒和別人說過。蛻變經驗常使沒有靈性背景的人感到困惑不解，很多人甚至會像本書的不少蛻變者一樣懷疑自己是不是瘋了。

儘管如此，如同前面指出的，混亂中蛻變顯然不是「通常都會發生」。大部分軍人、受刑人、成癮者、癌症患者並未發生蛻變。創傷後成長則確實很普遍，前面也曾提到，研究顯示有四七%的人在創傷事件後出現了成長。至於混亂中蛻變的普遍程度，目前尚無統計數字可以參考（希望有朝一日會有），但基於我的研究，我十分肯定它比創傷後成長罕見許多（若一定要估計一個數字，我認為發生率應不到一%，不同的混亂類型會略有增減）。

那麼，為什麼都一樣遭遇強烈的心理混亂和痛苦，有些人會覺醒，有些卻不會呢？

創傷後成長的研究可以為我們提供一些線索。研究發現，創傷後成長和某些人格類型的相關度較高，特別容易發生在擁有開放特質——較好奇、較有創意及想像力——的人身上。混亂中蛻變也是這樣，擁有某種心靈類型的人較容易發生此現象，或可稱之為「跨閾」（transliminal）的心靈，這是借用心理學家麥可・譚波爾（Michael Thalbourne）發明的詞。擁有跨閾心靈的人，心理邊界較為柔軟，易產生共感、直覺強、有創意。[4] 此類型的人較容易出現靈性經驗和經歷超自然現象。擁有跨閾心靈基本上就代表一個人的小我不像一般人那麼堅固僵硬，分離感和個體意識也比一般弱。

換個說法，我們也可以說當一個人擁有較柔軟或易變、邊界較薄的小我意識時，比較可能發生混亂中蛻變。再回到房子的比喻，這種情形就好像房子不是用石頭或水泥，而是用木頭、稻草、土等較柔韌的材料蓋的。

混亂中蛻變也取決於一個人對心理混亂的**態度**。首先，當一個人願意承認自己真的遇上逆境，混亂中蛻變較有可能發生。不難理解，人們未必能輕易接受自己有毒癮、酒癮或罹患重症的事實。他們可能會進入否認或自欺的狀態，拒絕正視遇到的逆境，壓抑自己的焦慮和悲傷。這麼一來，也就不太可能會經歷混亂中蛻變。

當我們選擇面對遭遇難關的事實，同時也就面對了自己的心理混亂。我們不再遠離自己、活在虛假的世界，而是**走入**自身，探索自己的內在、自己的感受。這種自我探索有時能促進混亂中蛻變發生。第一章格斯和大衛的故事中，我們就曾看到這樣的過程。他們兩人都開始透過冥想探索自身，並意識到他們的痛苦是自己的想法造成的。

混亂中蛻變在態度方面的特徵是**接納**。人在面對挑戰和磨難時，常進入抵抗的模式，比如我們會說要對抗某疾病或努力打倒某困難。但抵抗的模式其實會對蛻變造成阻礙。當我們轉移到接納的模式——透過向處境投降、放下執著、交出自己的問題等——內在因痛苦而蛻變的潛能就會被釋放出來。

有些蛻變者能指出蛻變發生的確切時刻，而這經常與態度轉為接納的時間點重合。我在《衝破黑暗》中描述了凱文（Kevin）的經驗，他借助匿名戒酒會的方法戒酒的過程中，在「交出」他的問題後，隨即經歷到一場突然轉變。同一本書中，我也寫到作家麥可・哈奇森（Michael Hutchison）的故事，他有次跑步時失足，造成嚴重的殘疾。他的蛻變發生在聽見耳中的一個聲音後，那聲音對他說：「放手吧，老兄，你看看你抓得多緊呀。你還不懂生命在告訴你什麼嗎？」[5]

本書的蛻變者中，我們剛才已談過自殺相關的接納與投降，此外像阿南塔也是在向痛苦投降、任自己「掉進」痛苦的時刻經歷了蛻變。她的說法是：「痛簡直要把我碾碎了，但我必須向它投降。我就只剩這件事可以做。」上一章簡短提到的安珀也曾對我敘述，她的轉變發生於「完完全全放棄再去掌控任何事，終於肯對自己和家人承認真面目」的時候。還有第四章（探討失去親友），我們看到茉莎主動試著承認及探索喪子後的心理混亂，她自己的形容是：「那團混亂中，一陣莫名其妙的平靜襲捲了我。我知道那是因為我停止抵抗的緣故。自那時起，平靜就再也沒離開過。」

還有一個因素可以說明為何只有一部分人會混亂中蛻變。有些人似乎對此**準備**好了。他們內在好像已經有個完全成形的潛在更高自我，等待在小我消融的那刻現身，好比已經發育完全、只待小我的殼破開就能出生的一隻鳥。或許其他人內在這個潛在更高自我尚未完全成形或尚未準備好出現，因此他們在小我消融時只經歷到失落與碎裂的痛苦過程，卻沒有新自我出現。

坦白說，我還不清楚為何只有一部分人像是準備好蛻變。如果讀者接受轉世的可能性，有一種可能是：準備好蛻變的人，在前世中就已累積了某些靈性發展。

其他因素能促進混亂中蛻變嗎？

毫無疑問，冥想能使人較易發生漸進的混亂中蛻變。例如第一章格斯的漸進覺醒，就與他發現和開始練習佛教冥想有關。同一章的大衛也描述他在軍中開始用自己的方法冥想，「注意自己的吸氣、吐氣、呼吸的節奏。……我根本沒想到那是一種冥想方式。」而第二、三章的獄中蛻變者，幾乎全都是練習冥想一陣子後轉變的。奧羅頻多入獄後開始頻繁冥想，艾德、亞德里安、阿南塔也是一樣。實際上，奧羅頻多、艾德、亞德里安三人（阿南塔可能也是）的蛻變就發生在他們冥想的時刻。

冥想有助於前文所述的承認、自我探索、接納的過程。冥想時，人們會走入內在、探索內在，開始誠實面對眼前的逆境，並探索由此而生的負面情緒。這可能使他們轉移到接納的模式，帶動蛻變的發生。

此外，發呆和孤獨也能促進混亂中蛻變。這是因為發呆和孤獨使人有機會走入自身，於是能面對和探索自己內在的混亂。如前所述，這便是監禁富有靈性潛能的部分原因。

為何混亂中蛻變的破壞性不一？

混亂中蛻變帶有破壞性，是頗為常見的情形。漸進的靈性覺醒一般而言沒有破壞性，因為你有機會適應，並將它整合到生活當中。這就彷彿在長時間慢慢發展下成為一個知名公眾人物或名人，你比較可能保持穩定和理智。換作是突然竄紅，沒有心理準備也沒有機會適應，就沒這麼容易了。突然的覺醒也有一些相當平順的案例。我們在本書遇過幾位蛻變者，例如第五章的戴維、第六章的帕克、第七章的伊芙與妮琪，輕鬆而快速地適應了他們的新狀態。

另一方面，我們看到有不少蛻變者難以適應覺醒後的新狀態，經歷了漫長的陣痛期。第三章的阿南塔和亞德里安、第四章的麗安、第六章的唐娜和西蒙便屬於這種情形。在這些案例裡，混亂中蛻變破壞了身心機能的穩定結構，使得一切大亂。人們感到無力招架、失去方向，被新的資訊和經驗淹沒。他們小我的邊界消融後，過去壓抑的創傷浮上表層。他們發現要在生活中運作變得困難，難以和人交談、容易丟掉工作。他們可能在掌握時間、記憶力或注意力方面遇上問題。他們也可能由於缺乏理解蛻變的框架，而像亞德里安和西蒙一樣懷疑自己瘋了（若讀者還記得，亞德里安懷疑過自己是否在非洲染上了狂犬病，還讀了各種精神疾病的資料，但找不到符合他經驗的病症）。

有時候，覺醒造成的破壞會嚴重到近似於精神病的程度。很不幸地，蛻變者被誤診為精神病患的案例並不罕見，有些人被醫師開藥（就像本書中的一些例子）甚至強制入院。但幾乎所有蛻變者都強烈意識到自己正在經歷一場正向改變，而非某種疾病，因此他們常對精神科醫師懷有戒心、不願服藥。

我們看到，有些蛻變者經過數年才適應新的狀態。例如第六章的唐娜自述經歷了約五年的整合期；阿南塔則描述她在確認自己靈性覺醒前，有三年間處於困惑和失向。第六章我曾寫道，我和西蒙訪談是在他覺醒的兩年後，當時他的狀態正開始趨向穩定。值得銘記的是，蛻變者到最後總會適應新狀態，即使這在極端案例中可能需要十年以上。混亂不安到最後總會消退，經過突然覺醒的大地震，地面終究還是會有穩定下來的一天。

造成破壞性覺醒（有人稱之為靈性危機或靈性緊急情況）的原因之一是缺乏理解。就像我們於書中一再讀到的，當蛻變者沒有能理解自己經驗的框架，便會陷入困惑。他們甚至有可能懷疑自己精神錯亂，也可能抵抗或壓抑覺醒後的狀態。

這種局面有一部分是當今文化的物質主義典範所致。它不斷說服我們，一般狀態的覺察就是感知世界唯一有效且精神正常的方式。而其他不尋常的意識狀態，包括清醒狀態，都一律被疾病化。凡是有悖一般沉睡狀態的表現皆被視為瘋癲，因為它們與人們對現實的共識互相衝突。因此，世界對於突然靈性覺醒的人理解得極少（也極少給予支持）。

但我們也看到，蛻變者的困惑總是一時的。蛻變者到最後總會找到方法理解自身的蛻變。他們會自然而然地轉向靈性書籍和教導，最後就像大衛、亞德里安、伊芙、妮琪一樣獲得啟示性的自我認識。他們會發現自己果然並沒有瘋，正如第三章亞德里安的形容，他們腦袋裡的螺絲沒有掉，是找到了才對！

另一個重點是，單有框架並不足以理解覺醒，還得是**對的**框架才行。對不熟悉靈性傳統和靈修方法的人而言，當今文化下離開了世俗物質主義，唯一明顯的道路就是傳統宗教。上一章中，我們讀到妮琪曾以基督徒重生解釋自己的蛻變。雖然這給了她一時的支持、不必再懷疑自己瘋了，但最後她卻陷入極深的困惑與不協和。她意識到自己覺醒後的覺察無法和傳統基督教僵硬的信仰與作法相容，最終在托勒等人的跨宗教靈性（transreligious spirituality）中找到了她的靈性歸宿。

關於覺醒的破壞性不一，讓我再指出最後一個因素。如同第六章帕克的故事所提到的，人們的蛻變很平順時，這可能是因為他們經歷的並非一場完整覺醒，而只是揭開此前已誕生的清醒狀態。由於我們的文化缺乏對靈性的理解，兒童與青少年壓抑靈性經驗尤其常見，如此一來可能引發靈性憂鬱，亦即與自身靈性天性疏離所產生的內在不協和與挫折感。

但就像蛻變者總會能夠理解蛻變，被壓抑的覺醒也總有一天會展現出來。帕克和唐娜的經驗清楚地說明了這一點（雖然唐娜的蛻變並不平順）。他們兩人都在十幾歲時經歷過靈性覺醒，但因無法理解而將其壓抑。最後，他們的覺醒都衝破了壓抑的層次重新浮現。唐娜的例子裡，這已是最初覺醒二十五年後的事，帕克的例子裡則是約十五年後。就像人無法阻止一個嬰兒出生，我們也無法阻止一個新生的更高自我出現、取代舊的小我自我。

因此，當壓抑的層次剝落，一個人可能會覺得自己好像在經歷覺醒，但其實這段經驗只是揭開的過程，也就不那麼容易造成破壞。

混亂中蛻變會不會是自我欺騙？

我在學院作研究這些年來，已經熟悉了一種現象，我稱之為騙局主義（humbugism）。常保懷疑是很管用的特質，如果這指的是小心查證一項聲明背後有沒有根據或道理的話。但不少科學家和學者把它擴大到了犬儒的地步，一見到任何抱有正面或樂觀看法的研究，立刻就要大叫：「這一定是騙局！」如果有哪個傢伙膽敢立論說人類不只是自私自利的生物機器，或生命不只是無意義也無目的的過程，馬上就會成為他們攻擊的目標。騙局主義者相當自豪於戳破我們這些傻人深信的幻覺、讓我們知道自己太容易上當了。證據是什麼不重要，反正如果指向意義或快樂，那就一定是假的。

循此態度，有些學者也懷疑創傷後成長的真實性，儘管此現象已累積了充分的研究。這類懷疑論者認為，創傷後成長是一種自欺手段，是人們用來應付失落、死亡等艱難處境的方法。人們想藉此對預測不了的世界握有某些掌控權，為貧瘠的未來帶來幾分希望。他們也認為人們努力想為痛苦經驗找到意義，避免覺得受苦像時間和精力的虛耗。換言之，人們為了賦予這段經驗一些價值，才說服自己相信有所成長。

上述懷疑論也適用於混亂中蛻變。會不會蛻變者只是用類似的方式在騙自己呢？我相信看到這裡的讀者，已經排除了這樣的疑惑。但就讓我在這裡闡述幾點，假如有天你和一位騙局主義者聊到這類話題，需要一些辯護的論點，不妨可以參考。

反駁蛻變為自欺的一個論點是：倘若如此，蛻變者的改變不會那麼根深柢固。若他們只是**騙自己有**蛻變，他們不會在關係、興趣、態度、行為上出現那麼重大的轉變，也很難想像轉變能維持那麼久。如同本書開頭所述，混亂中蛻變和宗教重生經驗的差別，在於後者通常無法長久維持，而混亂中蛻變幾乎全都是永久的。一般來說，舊小我一旦死去，就永遠不會再出現。這也就是為什麼，雖然本書探討的蛻變案例亦有比較新近的（例如帕克，我們訪談時距離他蛻變才六個月），但其他許多都發生很久了。第四章的芮妮，她的蛻變已過了不只半世紀、是她十四歲那年的事，阿南塔蛻變至今已二十三年，戴維的蛻變算到我們訪談為止也十四年了。

第二個論點是：自欺會包含衰退和損害。自欺的人不願面對現實。他們對經驗的一切變得較封閉，通常無法在世上運作良好。自我欺騙會損害一個人的人格、心理健康、人際關係。但明顯可見，本書的蛻變者都出現了大幅的成長，在自我和生命的各方面都向上轉化，進入更高功能的模式。他們比從前有利他精神和同情心、心境更信任與接納、感覺更幸福快樂、與人交往更真誠、對死亡不再那麼恐懼、和自然的連結感變深等。他們的蛻變是變得與現實互動得**更密切**、更向經驗開啟，而這恰好和自欺者南轅北轍。

第三個論點是：許多蛻變者的親人朋友也發現他們有重大的變化。我訪問的一些蛻變者說，他們感覺自己像不同的人，住在原本的身體中，有些人的親友也有同感。例如戴維的母親曾告訴他：「我們之前就覺得你一定怎麼了。自從那場意外，你整個人簡直像會發光一樣。」西蒙在因壓力而蛻變後，他的小孩有兩人說：「爸爸你變了耶。你一定怎麼了。」這點比較遺憾的一面是，有些案例裡，人們的關係在蛻變後結束了。例如第三章的亞德里安就告訴我，很多人在他蛻變後走出了他的生命，即使同樣有新的人走入其中。我們在第六章也讀到了西蒙和妻子關係的結束。可以說，只有貨真價實、根深柢固的蛻變才可能對他人產生這種效果，自欺的假象是沒有這種效力的。

最後，有些蛻變者覺醒的歷程極其辛苦，充滿混亂不安。從這個事實判斷，蛻變不太可能是他們自欺的幻想。如果人們想為難受的經驗或逆境賦予意義、使它正面一點，又怎麼會感受到這麼痛苦、困惑、混亂的狀態呢？這簡直像想喘口氣、來趟豪華假期的人，竟然決定去工廠工作兩週一樣。

清醒狀態＝覺悟嗎？

西蒙為了理解他的驚人蛻變，曾造訪一間佛教寺院，和寺中主要僧人有過一談。聽完西蒙的故事，僧人開玩笑道：「不要講太大聲——這裡可是很多人想達到你那種境界的呀！」

玩笑歸玩笑，這是個值得思考的問題。本書直到這裡，很少討論傳統意義下的靈性，我描述的是人在面對巨大痛苦下有時會發生的一種驚人蛻變。多數人在蛻變當下對靈性瞭解很少，又或者一無所知。但幾乎所有蛻變者，後來都為了理解這段經驗，自然而然地轉向靈性教導和思想。直覺告訴他們，在靈性的領域，這些經驗是可以被解釋的。

這帶出一個問題：這些蛻變者經歷的狀態，是不是就等同於佛教僧伽口中的覺悟，或印度靈性導師口中的三摩地（Samadhi）呢？

每一支靈性或神秘傳統，皆設想有某種理想的存在狀態，達到此境界的人會超越平常的感知限制，領悟到有個更遼闊、更鮮明的現實存在。到了這個狀態，我們會感到圓滿、從痛苦中解脫。大部分傳統將其描述為一種超越分隔、與終極真實合一的境地。道家思想中這叫作「明」，蘇菲派思想稱它為「巴卡」（Baqa，直譯為「活在真主中」）。基督教神秘傳統以「神化」（Theosis或Deification，指天人合一）稱之，猶太教神秘主義則叫它「德維庫特」（devekut，直譯為「緊靠上帝」）。

有些宗教學者強調這些概念之間的相異，認為其間未必有關聯。確實，各概念之間都有差別。一個佛教徒想像的覺悟或菩提（Bodhi）、一個印度修行者描述的霎哈嘉三摩地（Sahaja Samadhi）、一個潛心道家研究的人所謂的明，都不會是一樣的東西。舉例來說，三摩地的概念非常側重與宇宙融合（畢竟這就是瑜伽一詞的字面意義），相較於此，佛教的覺悟則更強調自給自足和超越各自分隔的假象。

不過，我認為很容易就能看出，這些概念具有共同的核心。

這就好像人們從不同的高處注視同一片風景，每人的形容會有小小的差異，但其實描述的風景都是相同的。我們可以想像有片靈性經驗的風景，而每種靈性傳統的跟隨者觀測和探索它的方式都不太一樣。他們各有一套方法和觀點，取決於他們的文化以及宗教與哲學傳統，所以自然會偏重靈性經驗的不同層面。儘管如此，他們描述和探索的仍然是**同一片**風景。

而蛻變者也是一樣。他們也同樣探索著這片各靈性傳統描述的風景、這片人類遼闊經驗的風景。對他們來說唯一的差別是：他們**無意間**來到這裡，以作為面對巨大痛苦的回應。相反地，各靈性傳統的門徒是更有意識、有方法地探索著這片地方，包括透過冥想等靈修方式和有助於醒悟的戒律。蛻變者可謂從天而降來到這個國度，彷彿從飛機上跳傘下來。另一方面，靈性追尋者則是循著前人與傳統標示的路徑一步步接近它。這說明了為何靈性追尋者在覺醒後不會像蛻變者那麼混亂不安、難以調適。和前面所述漸進蛻變的情況一樣，因為各傳統的門徒是逐步來到此地的，有時間習慣清醒狀態的景色和它的罕見氣候。相反地，蛻變者初來乍到時可能會非常不習慣、感到不知所措。

我個人覺得，正因蛻變者的經驗不屬於任何靈性傳統，所以尤其可貴。這些經驗向我們揭露了清醒狀態更原始的樣態，尚沒有靈性傳統經常加諸其上的觀念和詮釋。我毫無貶低靈性傳統的意思。我非常尊敬這些傳統，特別對印度教和佛教傳統懷有極深的崇敬，兩者都大大豐富了我的生命。但我們必須記得，清醒狀態就其本質而論，是超越任何靈性傳統的。清醒是一種先於各種傳統、各種解讀而存在的經驗狀態。

因此，我們有可能跨出各傳統的範疇，探討清醒狀態更核心的型態（事實上，這就是本書一直嘗試做的事）。當然，所謂**純粹**的經驗是不存在的。人們總會根據他們的語言、文化、性格，對經驗進行某些詮釋和形容。但詮釋亦有許多層次，而我認為檢視靈性傳統之外的經驗時，我們已去除其中幾層，更接近經驗的核心了。

換言之，我相信和西蒙交談的那位僧人說的沒錯：蛻變者經歷的狀態，確實就是所有靈性與神秘傳統追求的理想境界。

最後還有一個非常關鍵的問題，我將以下面一整章來好好回答它：我們能從這些蛻變故事學到什麼？又，如何把它融入我們自己的靈性發展中呢？

1 許多權威人士認為，靈性經驗無法描述。這種觀點可能源自 William James，他曾說過，神秘體驗的特徵之一是它們是「不可言喻」。然而我認為這是不對的，我們當然可以描述神秘的體驗！畢竟，我們在本書中讀過許多人對它們的描述。在某些情況下，它們可能不容易描述，但我們的語言足夠靈活、廣泛，至少在某種程度上可以對其加以描繪。如果這些經驗很難用普通的語言表達出來，還可以透過詩作、藝術和音樂來述說。誠然，在某種程度上，這取決於體驗的強度。非常強烈的神秘體驗確實超越了語言的結構，畢竟語言依賴於主體和客體的二元性，以及時間的不同時態，這些時態在神秘體驗中都被超越了。不過即便如此，我認為神秘體驗的本質是可以傳達的。

2 我想研究的另一個領域，是混亂中蛻變對夢的影響。第一章的士兵大衛與第六章的帕克，都提到他們現在有規律的清醒夢。發現這樣的案例有多普遍，相當有趣。

3 超個人心理學家 Stan Grof 也發現了自殺與靈性覺醒之間的連結。格羅夫從對自殺患者的心理治療工作得出結論：自殺是對「超越」扭曲渴望的結果，這是一種「殺死自我」和「超越自我」之間的混淆狀態。如他所說，自殺本質上是自我的——這個術語也適用於精神覺醒。（Grof, *Way of the Psychonau*）

4 心理學家 Michael Thalbourne 提出了超臨界的概念，認為這可以解釋為何有些人比其他人更可能出現神秘或心理方面的體驗。（Thalbourne and Delin, *Transliminality*）而 Ernest Hartmann 在《心靈邊界》（*Boundaries in the Mind*）一書中，也提出了類似的「薄」和「厚」的心理邊界概念。

5 Taylor, *Out of the Darkness*, 73.

第九章　向混亂中蛻變學習

我們主要可以從兩方面，向蛻變者和他們的蛻變經驗取經。首先，它們能教我們當痛苦和混亂出現在生命裡，我們該如何回應。其次，蛻變者的心理過程為我們提供了一些基本原則，能化為作法或指引，應用於我們自己的靈性發展。

基於我從蛻變者身上學到的事，我已發展出一些方法和技巧，運用在我的工作坊和線上課程中。底下我將說明其中一些技巧（我在 *Return to Harmony* 這個語音課程裡也說明了不少，若讀者希望進一步瞭解或有更多引導，建議不妨一聽）。

第一部分：駕馭痛苦的蛻變力

我們無法選擇生命中會不會有痛苦。正如佛陀所說，苦是人生的一部分。無論我們打造出多安全的人生處境，災禍還是有辦法溜進來。無論我們多努力防範，總有一天，失去親友、疾病、死亡等不幸事件還是會無可避免地發生在我們生命中。

我們可以選擇的，是如何**回應**痛苦。這是心理學家法蘭可熬過納粹集中營的三年後獲得的洞見之一。法蘭可是奧許維茲集中營十%的倖存者之一。如同我們在第二章讀到的，他認為能夠活下來，歸功於他堅定的意義感。他看過其他人放棄希望、失去理想與目標，並注意到在那之後，他們很快便會向病魔和死神屈服。在記述他戰時經歷的名著《意義的追尋》（*Man's Search for Meaning*）中，法蘭可寫道：「人的一切都可以被奪走，唯獨一樣例外，即人所有自由中最後的一種——在任何情境下選擇他的態度，選擇他的作法的自由。」[1]

本書檢視了幾類靈性潛能較高的痛苦和混亂，但**所有**類型的痛苦和混亂都帶有或多或少的靈性潛能。我們生命最黑暗的那些時刻深處，靜靜藏著一顆靈性力量的美好核心，能夠喚醒我們，讓我們的身分和人生煥然一新。

事實上，有時候僅僅**意識到**受苦可能有正面效果，就能帶來助益。知道這件事會增加我們面對痛苦的勇氣和韌性。這代表我們不一定要將痛苦視為可怕的大敵，避之唯恐不及。這句話並不是指人應該歡迎痛苦或主動尋求痛苦，但當痛苦出現在生命裡——這是無可避免的——我們應該提醒自己，我們也可能因此有所收穫。苦或許不是我們最大的敵人，而是最好的老師。更有甚者，它可能成為我們的精神導師，促成一場靈性蛻變的發生。

那麼，我們如何才能搆著這顆藏在苦難中的美好核心呢？

回應挑戰四步驟

上一章我們看到，承認和接納的態度以及自我探索，能夠促進混亂中蛻變。基於此點，我發展出一套回應痛苦和混亂的四步驟方法，來幫助我們駕馭其中的蛻變力。

第一步：承認逆境

當混亂或悲劇出現在眼前，你可能會產生「迴避衝動」（avoidance impulse）。這是一種自然衝動，使我們在遇到疼痛時閃躲、遇到危險時逃走。你可能會有股欲望想麻痺自己、讓自己忘記逆境或內在混亂，譬如透過喝酒、吃藥（包括醫師開立的藥），或沉迷於電視、社交、工作等讓人分心的活動中。

然而，就算一開始好像管用，迴避註定是行不通的。當我們迴避負面情感時，它們會在潛意識層次堆積，最終強大到衝破我們的防禦。迴避也會使我們無法通向心理混亂中的蛻變潛能。

假如你被診斷出罹患癌症，可以想見，要面對自己生命有危險、甚至可能活不久的現實並不容易。假如你失去了某位至親好友，你可能很難接受你愛的人已永遠離開的事實。但至關重要的是找到勇氣，承認逆境是真，別再試圖轉移注意力。找一個安靜、獨自一人（或由治療師、支持你的伴侶陪著），你沒有事要做，也沒有為其他事物分心的時刻。將你的注意力轉向你的逆境，允許自己仔細思考它。思考你現在的處境和以前如何不同、未來可能有什麼走向。

當然，一開始這過程會有點難受。但你可能會發現，它並沒有你想像的那麼痛苦。你很快就會在自己的內在當中找到新的勇氣和韌性，意識到你低估了自己應對困境的能力。

第二步：承認負面思想和情感

當你做到了面對逆境，下一步是面對你內在的混亂，也就是你的焦慮、憤怒、痛苦等情緒。

這件事可以用身體之痛來比喻。雖然我們的自然衝動是瑟縮、閃躲疼痛，但有時候，接近疼痛會更有幫助。讓我用我自己生命裡的例子來說明。我妻子有偏頭痛的問題，我們倆實行一個練習已經幾年了。我會鼓勵她不要閃避、主動接近疼痛。我會引導她慢慢接近痛的源頭，直到她的注意力與之融合。然後我會說：「你與痛融合的同時，痛不再那麼明顯和集中了。它開始消散，擴散到你的每個角落，漸漸變柔、變弱，就像鹽溶解在水中。你現在感覺與它合而為一，它是你的一部分。現在它不再是痛，而是一種感覺，麻麻的、輕微一跳一跳的感覺，甚至好像不討厭，滿舒服的。」

你可以將類似的步驟應用在心理或情緒之痛。迴避衝動會試圖將你拉走，使你遠離自己的內在，飄向其他消遣、雜事、活動。但就像前一階段，試著找個安靜的時刻，將你的注意力轉向你內在的主觀世界。

首先，觀察你在想什麼。你心裡有哪些負面思緒在流動？將它們化為言語。寫下來也可能有幫助。

接著前進到你的負面情感。承認你內在的混亂和痛苦。不要覺得羞恥，接受它們是你遭遇逆境一定會有的反應，就像受傷一定會產生身體上的痛。

如同前一步驟，透過承認內在痛苦，你會感覺自己強而有力。你會意識到一份深藏於你內在、使你足以度過這段痛苦的韌性。你會發現痛其實不像你所害怕的那麼劇烈。

第三步：探索內在的自己

當你做到了承認負面思緒和情感，下一步是**探索**它們，探究它們如何影響著你。你內在的痛是什麼造成的？源自你這個人或你身體的特定部分嗎？你感受到哪些情緒？哀痛、憤怒、焦慮、失落？最令你難受的又是哪一種？

承認及探索你的所思所感時，留意你和它們之間的區別。記得讓自己意識到，你不等於你的想法或感受。你是一個注視它們的觀察者，就像一個人看著螢幕上的電影。試著將自己固定在觀察者的身分上，並意識到你和你的所思所感之間的距離。

我在《飛躍》一書中討論的格雷漢，向我敘述了他接連喪妻和喪子的不幸悲劇：「幾乎一夜之間，我失去了我在人生中扮演的兩個重要角色：二十年來我都是一個丈夫，十七年來是個父親。我不再明白自己是誰，眼前只剩一片空無。」然而身為佛教徒的格雷漢，本就習慣進入心中的空間，觀察自己的思緒和情感。他用美麗的文字描述出了這段承認及探索內在混亂的過程：

當然會痛苦流淚，但我知道，如果我轉向空虛和絕望的情緒，去探索它們，而不是抗拒它們，我就有辦法走出去。在那空虛之中有一片風平浪靜的地方，那讓我隱約知道「一切都很好」。發生的這些事硬生生攔住了我，使我從原本的生活中停下來，強迫我審視我的一生。我不再是丈夫了，不再是父親了，我沒有工作。這代表什麼？[2]

第四步：接納逆境與混亂

最後一個階段，是接納逆境及內在混亂。某方面來說，前三階段都是接納過程的一部分，因此你也可以將第四階段單純想成這整段過程的頂點。

我們抵抗逆境時，是用自己的想法在和現實作對。這導致我們與世界產生衝突，也在我們心中製造出不協和，而接納意味著不再對抗現實，與世界重歸於好。它代表向現況投降，不再奢望現實變得不一樣。抵抗帶來我們與現實的二元對立，接納則帶來合一。

有一點需要謹記在心：就像前面的整理所呈現的，接納不是一件要用力去**做**的事情。你不是努力讓自己接受一個局面，而是**放下**抵抗的努力。你不用改變什麼，但要放下改變局面的**渴望**。正因為這樣，接納會讓人感到非常自由清爽——它代表放鬆、釋放張力、不再與現實搏鬥。

下面這一套放下抵抗的步驟可以適用於任何處境，就讓我帶讀者一起做一遍吧。請你想像有一條線，連接著你和遇到的逆境，線拉得非常緊，產生了張力。現在，想像這條線輕輕溶解了、蒸發了，你的抵抗和張力也隨之一點一點釋放。在你想像這條線溶解的同時，試著允許自己向遇到的逆境敞開，擁抱你人生真實的樣子。

若你覺得有困難，搭配呼吸的節奏可能會有幫助。深吸一口氣，然後一邊吐氣、一邊想像你在釋放你的抵抗。想像那條連結你和逆境的線一點一點溶解。釋放抵抗的同時，試著感受自己正在接納和擁抱現實。你也可以在吐氣的時候出聲說：「我釋放我的抵抗。」你可以反覆做這個動作，直到覺得抵抗消失、與逆境合而為一，也就是你和你的生命合而為一了。

步驟的最後階段，請想像你的整個人生就像一幅全景的風景，在你眼前展開。那裡面包含了你生活中的所有活動和所有任務、你現在處境的每個方面，還有生命本身的每個方面，例如生老病死。請你一邊環顧這片風景，一邊接納它的一切，接納它原原本本的樣子。想像自己張開雙臂，擁抱你生命的每一方面。

順利的話，現在你應該會感覺到一股輕盈自在，因為你已經放下抵抗的重擔了。你可能有一種內在和諧的感覺，因為你停止了和現實搏鬥，內在不再充滿抵抗的張力。

更有甚者，此時順利的話，你應該已經感覺到痛苦的蛻變力。你可能會覺得內在像有什麼打通了，讓你能通往自己的更深層、汲取潛藏的韌性和快樂。你甚至可能覺得，在接納的瞬間，那個與逆境戰鬥的舊小我自我消融了。而從舊自我的灰燼中，一個新自我耀眼地誕生。

第二部分：將混亂中蛻變應用在靈性發展上

現在，讓我們來看看第二種向蛻變者學習的方式：將蛻變教我們的原則，應用在我們自己的生活中。本書將介紹三種方法：迎向挑戰、主動去除依附、思索死亡。底下逐一說明。

迎向挑戰

有一種極度簡化的蛻變者體驗法，就是故意施加痛苦在自己身上。既然我們知道這類處境有可能令人蛻變，何不刻意讓自己變成成癮者、受刑人或軍人呢？或者，假如這樣太荒唐，何不模仿苦修士，禁止自己享樂、折磨自己身體呢？

很顯然，這些方法無論對身體或心靈都太過危險，而且無人能保證其效力。成功複製混亂中蛻變的可能性目前看來是相當小，因為創傷經驗的蛻變力，來自它們的突如其來和出乎意料。所以，想自導自演一場混亂中蛻變，或許是辦不到的。

不過我認為蛻變者教了我們一個大原則：我們應該迎向挑戰，就算挑戰會伴隨某些困難和犧牲。當我們總是避開挑戰、生活安逸穩定，就比較容易落入睡眠狀態。我們可能會和自己深處蘊藏的韌性、創意、技能失去連結，結果遠遠沒發揮出潛能。而挑戰和努力會搖醒我們、提升我們到更高功能的層次。

事實上，很多人直覺知道這件事，所以習慣時不時讓自己遇上困難甚至危險，以作為自我喚醒的方式。人們喜歡爬山、跑馬拉松，或從事飛行傘、高空彈跳等極限運動，也有部分是這個緣故。人們意識到這些挑戰能鍛鍊心志，增加自信和韌性。甚至可以說，這是一種自願的創傷後成長。也就是說，人們選擇讓自己陷入艱難、甚至會留下創傷的處境，以便汲取其中有益成長的能量。直覺告訴他們，翻越挑戰會為他們帶來某些遭受創傷的人無意間獲得的益處——更有自信、更有能力、更欣賞生命中的一切等。極端的案例中，人們的行為可能是出於一種無意識的衝動，想令自己暴露在生命危險之中，以獲得生死經驗對心理的益處，例如更心存感激或擁有新的意義感。

此外，我認為人們享受這些活動，也是因為它們具有改變意識的效果。高難度的活動能有效引發心流（flow，亦即極度投入）或甚至覺醒經驗。這類活動提供一個全神貫注的強大焦點，使我們的心能安靜下來，並完全處於當下的狀態。

基於同樣的理由，許多人喜歡以一種更廣泛的方式自我挑戰，也就是「主動脫離舒適的處境」，例如穩定的工作、關係、熟悉的居家環境。我們人類當中，有些享受穩定和舒適，有些則試圖避免眾人陷入其中。後一類人渴望成長，因此反抗安安穩穩，鼓勵人們尋找新的挑戰、新的環境。

所以，我不鼓勵極端的自我否定或危險，但我會建議讓生活多點冒險、迎向挑戰，畢竟挑戰中有促進發展和覺醒的潛能。換句話說，我建議可以多嘗試自願的創傷後成長。

主動去除依附

蛻變者還教給我們一件更重要的事，那就是要生活在了無依附的超然狀態（detachment）。這並不是指對他人和世界漠不關心的情感抽離（emotional detachment），而是指一種不仰賴外在事物和心理概念來給予我們身分與快樂的狀態，是指一種內在自得自足，不依戀財產、成就、角色、地位和野心的狀態。

如同上一章所見，從心理學角度來看，蛻變者最重要的轉變在於依附的消融。由於依附是構築小我的磚瓦，依附消融會帶來小我本身的消融，使一個潛在的更高自我得以誕生。

這一節，我將說明我們如何能主動去除依附。

察覺依附

首先，我們必須察覺自己有哪些依附。有時這些依附已經跟著我們太久，附著的方式變得非常幽微，乃至於我們可能根本沒意識到。

依附的種類繁多，難以一一列舉。其中最明顯也最「重」的一種，是以癮的型態出現，包括對藥物、菸、食物、巧克力等物質生理成癮，也包括對電子設備或社群媒體心理成癮。稍微比癮不明顯地，我們可能對實質物品產生依附，譬如金錢或財產。自己的身體也是我們會依附的實質物品之一，使我們過度在乎自己的外表，或為老化而憂鬱不已。

更不明顯，卻可能比上述都來得重要的，是觀念性的依附。比方說，我們可能依附我們腦中給自己的國籍、族群身分，或身為配偶、父母、兄弟姊妹等的角色。我們也可能依附對自己地位、成就的觀念性想法，藉此感覺自己比別人優越，不是無名小卒或失敗者。類似地，我們也可能依附我們抱持的某些信仰、希望或野心。

這些依附共同構成我們的身分意識，讓我們的小我能屹立不搖。就像前面説的，你可以將它們想像成建造小我的磚瓦。

我在工作坊中常會發給參加者一張列出各種依附的清單，請大家想一想自己對每一種的依戀程度。察覺本身就有解放的力量。單是察覺依附，某種程度上就有助於脱離它們。

除此之外，也有一些步驟能夠幫助我們脱離依附，就讓我帶領讀者一起看一遍吧。

透過靈修方法去除依附

脱離依附最好的辦法之一，就是開始練習冥想或跟隨某種靈修途徑。從根本來説，我們之所以需要依附，是因為小我的孤立與脆弱。依附可以鞏固、強化我們的小我，讓它感覺沒那麼不堪一擊。所以釋放依附的最根本辦法，其實是治療小我本身。這指的是養成一種內在的快樂完整，使我們再也不必向外尋求身分和快樂。一旦沒有小我的分離感，就不會覺得欠缺或脆弱，也就願意鬆開緊抓的依附了。

此即冥想的主要目的：軟化小我的結構、弱化它的邊界，好讓我們能超越人們一般的分離感。

冥想能夠使我們感到與世界相連而非分離，像是參與者而非旁觀者，使欠缺或脆弱的感覺消失。彷彿一塊碎片重新拼回整體中。

長期和短期的冥想，都會帶來這種效果。假如你今天早上正好冥想過，你冥想時可能已體會到上述的連結和內在完整感。冥想結束後，效果也許會維持一兩個鐘頭或更久——說不定你現在還有這些感覺。但通常一回到忙碌的日常，它就會漸漸淡去，得要晚點或隔天再冥想一次才能重新點燃。

同時，如果你持續冥想數年、數十年，一種**永久**的完整感會在你心中積累。雖然每次你冥想時，體會到的完整感可能又更強，但你的基本常態也有了變化。經年累月下來，你的小我邊界會變得比從前柔軟，自我意識不像以前那麼脆弱孤立。儘管變化是漸進的，以致你未必會意識到，但此時的你已不像以前那麼需要心理依附，不再那麼仰賴外在事物給你身分和幸福感了。

每種靈修途徑，都是跨出分離的小我，邁向連結和融合的行動。這也是多數靈性傳統都強調培養同情心、多行奉獻與仁慈之事的部分理由。透過為他人奉獻，我們超越了自我中心的欲望和野心，也因此跨出了分離的小我。就這層意義來說，奉獻利他的行為能間接幫助我們消除心理依附。

多數靈性傳統也都更明白地提倡超然，強調過一種簡單節制的生活、不依戀感官之樂或多餘的財物。這些傳統鼓勵人們滿足於生命的現狀，不要執著於某些野心，也鼓勵人們抱持謙卑，不要執著於對地位或成就的想法。

任何一種能幫助培養內在快樂與完整的途徑或方法，都可以降低你對心理依附的需求。你將不再需要依附，就像一棟蓋好的建築，無需鷹架或額外支柱。

打破依附

我們也能透過一些直接的方法脫離心理依附。跟隨靈修方法的同時，我們可以主動試著弱化依附。這聽起來似乎很難，但關鍵是要記得：雖然依附可能**誕生自**心理需求，但它們延續至今有時純粹是習慣使然（特別是你已開始冥想或靈修的時候）。換言之，心理需求消失後，依附仍可能作為習慣留存很久，但這種時候要擺脫它們就相當輕鬆了。

就算不是上述情形，即使還有某種程度的心理需求，你可能也會發現，自己失去依附後調適的速度比想像中快得多。最初的失落和不安全感過去後，你會很快地茁壯。本質的你將會填補進依附留下的空間，帶來一種更完整的感覺。

多年前我戒菸時，曾經體會過這種感覺。經過十二年菸抽得很兇的日子（一天二十五到三十支捲菸），我決定從三十歲生日起開始戒菸。我聽過不少戒菸有多難的故事，但實際戒菸時——一旦靠尼古丁口香糖撐過戒斷症狀——我發現其實沒那麼痛苦。經過三週的刻意努力（而且努力本身並不特別艱鉅），我驚訝地注意到，想抽菸的欲望很快就平息了。更令我驚訝的是，我全身充滿了新力量和完整的感覺。好像經由某種自然的適應療癒機制，過去交給菸癮的那部分我被重新還回來了。而我相信之所以能辦到，是因為先前大約一年間，我在心理方面獲得極大的治療：我開始冥想和吃素，也在那時候遇見了我的妻子。由於這些因素，我對菸的心理需求或許已經減弱。我的自我感覺更有連結也更完整，所以不需要菸來支持了。很大程度上，我要對付的只有慣性，不包括心理需求。就算**真的還有**心理需求，也在捨棄依附的過程中蒸發了。

我建議你也可以試試看弱化你自己的依附。舉例來說，你可以減少購買不必要的東西、過更簡單節儉的生活，來嘗試弱化對金錢和財產的依附。你可以不再穿時髦衣裝或不再染髮，來嘗試弱化對外表的依附。你也可以試著克制拼命更新社群媒體和增加追蹤數的舉動，來弱化對地位和關注的依附。

起初你可能會覺得難受，但不久便會開始感到一種新的完整和內在力量，尤其是已有跟隨靈修方法的情況下。即使你對依附還有些心理需求，內在也會展開療癒的過程，本質的你會更加茁壯、填補進依附留下的空間，使你充滿完整和新力量的感覺。

另外，我很推薦做一種冥想練習來幫助消除依附。在《回歸和諧》一書中，我用二十分鐘的環節，帶聽者一起作這套去除依附的冥想。底下雖篇幅有限，無法描述整套步驟，但摘錄了其中的重點。

這套冥想中，我們會逐一檢視不同類型的心理依附，並且放下它們，有點像前面描述過的接納練習。每項依附我們都仔細想一想，提醒自己它為何不必要、為何無法帶給我們真正的充實。然後，我們在心裡決定釋放這項依附。

我們先從財產和金錢開始，接著將注意力轉到觀念性的依附，比如信仰、野心、成就或地位上。接下來，我們釋放對外表的依附，然後是對年齡概念的依附，然後是姓名。我們提醒自己，我們的本質是沒有姓名的，也沒有年齡或外形。在冥想最後，我會問大家：「現在我們釋放完所有的依附，還剩下什麼？這剩下的東西，就是我們存在的本質。它具有某種天然的完整和幸福快樂的性質。現在，我們能感覺到這些性質就在我們心中。我們一邊感覺它們，一邊瞭解到我們不需仰賴任何自己以外的事物，不需依附任何東西帶給我們快樂或身分。」

「現在，就讓我們靜靜停在自己的本質中，停在這沒有依附、純粹幸福的狀態中吧。」

思索死亡

將蛻變經驗應用在我們靈性發展的第三種方式，是思索死亡的真實與無可避免。這其實就是本書持續討論的一個主題，即生死經驗——無論發生形式為走過生死關頭或瀕死經驗——可能引起靈性覺醒。這關係到去除依附，因為生死經驗引起覺醒的一個主因，就在於面臨死亡會導致心理依附消融。

如同所有混亂中蛻變，為了追求蛻變而自導自演一場生死經驗太危險，也太非理性了（儘管就像前面說的，我相信有些從事極限運動或其他危險活動的人是間接、無意識地在追求此點）。然而，我們能透過另一種簡單方法獲得相似的覺醒之效，那就是認真且經常地**思索**死亡。

有些靈性傳統也鼓勵以此方式修行。佛教尤其強調對死亡的認知。佛陀建議他門下的弟子到墳場打坐，或坐在旅途中遇見的死者或腐屍旁。僧人會坐在那裡，思考自己有一天也將面臨相同的命運，想到死之真實與無可避免、生之脆弱與短暫。如此一來，他們會更清楚意識到生命的無常和貪戀塵世的愚蠢。《念處經》（*Satipatthana Sutta*）中，佛陀要弟子在每次見到一具屍首時——剛死幾天的、被鳥獸啃食的、僅餘一堆白骨的——告訴自己「此身亦為如是法，難免如此之情況。」佛陀說，他們將意識到生命無常，從此便能「無所依而住，不貪著世間之任何事物。」[1]

還有許多靈性導師認識到死亡意識的重要性。二十世紀初俄國大師喬治．葛吉夫（George

Gurdjieff）曾說，喚醒人類最好的方法，就是告訴每個人他們的壽命到何年何月何日。愛爾蘭心靈詩人約翰・奧多諾休（John O'Donohue）經常辦工作坊，帶人們到離他家不遠的愛爾蘭西海岸莫赫懸崖（Cliffs of Moher）。莫赫懸崖以險峻聞名，奧多諾休會請大家躺下，頭伸出崖邊看萬丈之下的海面，藉此來讓人們意識到死是多麼真實、活著是多麼難得的奇蹟。

某方面來說，我們會需要提醒自己死亡存在，好像還滿奇怪的。畢竟，我們都**知道**自己有天會死。但知道不代表意識到真實性。對許多人而言，死亡並不真實。在日常生活中，我們極少思索這件事，部分是因為在世俗文化的社會，例如今日歐美，死亡是禁忌的話題。從前的人們可能經常目睹死亡與屍體，但現代醫學替我們屏蔽了死。人們通常死在醫院裡，而不是家中。過世後，遺體隨即被送到殯儀館，我們通常得登記才能再看一眼過世的人。

此外，很多人不願意談到或想到死，因為他們會覺得不安。如果你不相信任何形式的來生，想到自己有天將從這個地球消失——你所知道的世界上再也沒有你了——會覺得不自在，也是很容易理解的。要能夠坦然看待死亡，須先經過大量的思考和準備。這是一段很長的承認與接納的過程，而且我們的文化對此幫助極少。

但依我所見，人類會缺乏死亡意識，還有個可能更根本的因素：我們似乎有種心理機制，會將對死亡的意識關掉。我在《從沉睡中甦醒》等先前著作中，提出有種「去敏感化機制」（desensitizing mechanism），會關掉我們對熟悉經驗的注意力。舉例來說，我們一旦熟悉一個地方（比如自家附近），就不會再對它投以注意力。我們不會再注意到其中的顏色或細節，或甚至風景之美。從前驚豔不已的美景，最後也變得平凡無奇，平凡到我們甚至不會留心。

生命整體而言亦同然。我們太習慣活著，已經將其視為理所當然。死亡的可能性變得不真實，我們開始無意識地把自己當成不朽的。我們彷彿被催眠，在恍惚中度日似的。

然而有些時候，當我們因意外或受傷而面對死亡，便會從這種恍惚中醒來。在那之後，就像第五章開頭尼波說的，我們就會發現世界完全不同了。

那麼，在沒有直接面對死亡的前提下，我們該怎麼讓自己意識到死亡的真實呢？

我非常建議可以每天花點時間，思索死亡的真實和無可避免。端詳你自己的身體，仔細想想它過去十年、二十年來有什麼變化。別忘了，你的存在取決於無數複雜的生物機制，所有這些機制相輔相成，才維繫著你的生命和意識。總有一天，這些機制會開始出問題，而且隨時隨地都可能發生。無論你多努力保持健康、接受多少醫療照顧，到了某個時刻，總會有項機制無可挽回地故障，導致你的死亡。

也有可能你還沒步入老年，這些機制就因突發的意外事故或身體異常而故障了。想到這點，我們今天能這樣活在世上，不已是無比幸運的奇蹟了嗎？這段旅程也是短暫而脆弱的。我們彷彿都在享受一場美麗的假期，不曉得這段時光還會持續多久。我們只知道它總有一天會結束，而那天隨時可能來臨。（備注：若思索死亡會令你不自在、引起你的迴避衝動，可先參考本章前面的步驟練習接納死亡。）

我們或許沒辦法真的和佛教修行者一樣坐在屍首旁冥想，但我們可以採取稍加變化的方式。我建議定期到家裡附近的墓園走走，花點時間穿梭於墓碑間，讀一讀上面的碑文，想一想自己總有一天也會死的事實。在墓園的長椅上坐下，試著如佛陀所說，思索生命的脆弱與無常。

除此之外，當親近之人進入死亡的過程，我們應該多花一些時間陪在他們身旁。如此不僅能帶給他們安慰，看著他們踏上這趟我們都得面對的旅途，也會讓我們更清楚意識到死亡。等親近之人真的死去時，我們應該不迴避地承認與接受這件事全部的重量，包括自身的失落感。這能幫助我們從喪失之痛當中汲取蛻變的力量，也能使我們更強烈意識到自己並非不朽。

有個思索死亡的練習，我覺得特別有效。這是詩人及作家史蒂芬·拉維（Stephen Levine）發展出的「如果只剩一年」（Year to Live）療法的變化版。拉維的原始版本中，我們想像自己從現在起只剩一年可活。我們要把接下來的三百六十五天，當作生命最後的日子來規劃。拉維建議，這一年的最初階段，我們可以先整理自己對死亡的態度，包括對死的恐懼。再來，我們審視自己的一生，漸漸對我們認識的人產生一種感激與原諒之情。接下來，我們思索自己死後身體的處置，寫下我們的遺囑和墓誌銘、想留給所愛人們的書信詩歌。到了第十個月，我們想像死後財產要如何分配，然後有意識地放開對它們的執著。第十一個月，我們盡量和親人朋友一起度過，並且思索他們同樣會死的事實。最後的第十二個月，我們向所愛的人們告別，感謝身體至今的不屈不撓，並作好死亡的心理準備。

這些年來，我曾帶許多課堂和工作坊學員進行過該活動的簡化版本。我所修改的版本中，會將距今一年後的那個日期投影在螢幕上，並告訴學員，這就是他們生命將結束的日子。每個學員會拿到一張表格，他們要思索在生命最後的這三百六十五天裡，他們想作哪些改變，並將這些改變寫在不同的類型下，例如關係的改變、生活方式的改變、態度的改變。然後我請學員起身，在教室裡走動、互相分享想法。大家典型的回應包括：想花更多時間和家人朋友共度、多到自然中走走、到一直想去的地方旅行、開始學一直想學的嗜好等。

最後，我會對學員說，雖然沒辦法保證，但很可能一年後他們**並不會**死。話雖如此，他們還是應該把這一年當作最後一年來活，去做所有那些他們寫下的事（至少做實際可行的那些。我不建議真的放棄讀大學去環遊世界）。最重要的是，他們應當持續思索死亡，不要失去了生命短暫珍貴，死亡近在咫尺的意識。

這個活動幾乎毫無例外，總是能帶來強大的正面效果。有時學員會告訴我，這是他們第一次認真思考死亡這件事。意識到死亡的真實，他們現在覺得對生命有種新的感激、看事情更宏觀。至少暫時地，他們從那視生命和世界為理所當然的恍惚狀態中醒來了。

每當我們思索自己終有一死，也都會產生類似的效果。死亡是所有痛苦的最佳縮影：我們原本或許對它害怕不安、有股閃避的衝動，但一旦認真思索或實際面臨它，便會發現其中蘊藏著令人蛻變的力量。

依循以上這些原則，也許不會使你經歷到蛻變者所經歷的猛烈覺醒，不會使你體驗到小我一夕消滅、新身分赫然誕生的劇變，但你的靈性會逐漸發展。你會一點一點擺脫小我自我的壓迫，使一個潛藏而本質的覺醒自我有機會現身。終有一天，你的潛在覺醒自我將完完全全取代舊小我。這就是屬於你的那場超凡的覺醒。

---

1 Frankl, *Man's Search*, 86.

2 Taylor, *The Leap*, 118.

3 譯注：中譯取自性空法師《念處之道：大念處經講記》。

結論　超凡的覺醒

我最喜歡的藝術家之一，是比利時創作歌手賈克．布雷爾（Jacques Brel）。布雷爾除了演唱功力絕佳，也是一位能在歌曲中捕捉人生百態的出色詩人。他的歌曲裡有五花八門、面對著各種難關的的人物：被遺棄後為思念瘋狂的愛人、向不忠妻子道別的臨死者、在酒瓶間虛擲生命的酒徒、到軍營妓院度過初夜的驚恐士兵。布雷爾的作品和演唱非常強而有力，有時你聽著聽著，會覺得時間彷彿凍結。有時一曲終了，世界好像也截然不同了。

我最愛的布雷爾作品之一是〈絕望之人〉（Les Désespérés）。在這首美麗的鋼琴小調裡，布雷爾唱起世間所有感到迷失、孤絕、得不到愛的人們。他們對愛的唯一所知就是**愛**這個字。他們想著尋死，注視著一座橋下滔滔的河水。那甜蜜的水流似乎在召喚他們投向自身盡頭。歌曲最後，絕望之人只是消失在沉默中、被世界遺忘，彷彿不曾存在過。

我覺得一面聽這首歌，一面思索在世界各角落、活在混亂和絕望之中的千千萬萬人，讓人非常感動。這世上有如此多人正身處絕望的孤單、憂鬱、沮喪中，或面對著沉重的病痛、壓迫、囚禁、戒不掉的癮。然而，經過這麼多年的研究，我知道這些絕望之人當中，總會有那麼一些發生混亂中蛻變。因為曾經到達絕望的深淵，他們有機會躍上人類幸福的巔峰。

對於過去所有受苦受難的人，這個觀點也同樣適用。如同前面所說，我相信比較令人安慰的是想一想，人類歷史上那數以億萬計在戰場上、牢獄裡、摯愛離世的打擊下承受巨大傷痛的人們當中，總會有一部分曾經經歷覺醒。當然，這可以推及過去與現在每一種折磨人類的苦難。

第八章我曾說道，或許有數十萬不為人知的蛻變者，此刻就默默走在我們之中。他們並未接觸過靈性，所以可能難以理解自己的蛻變，沒向任何人透露，甚至於懷疑自己瘋了。這很可能就是人類過去一直以來的普遍情形，歷史上每個社會、每個地區、每個世紀皆然。我們唯一知道的靈性覺醒歷史案例，就只有宗教神秘主義者的故事，例如西班牙的聖十字若望和聖女大德蘭（St. Teresa of Ávila），或英國神秘主義詩人亨利・沃恩（Henry Vaughan）和托馬斯・特拉赫恩（Thomas Traherne）。但我深信，必定有數不清的貧窮、未受教育、無法將經驗化成文字記載的人，也一樣經歷過覺醒（即使沒有完整蛻變，無疑也有很高比例經歷過某種程度的創傷後成長）。

人類的未來演化

在本書的最後部分，讓我們將視線轉個方向，從過去轉到人類的未來。作為本書的結尾，我希望提出幾點我對於「蛻變經驗」與「人類未來」之間關聯的猜測。這些結論，得自我這十五年來對靈性覺醒的研究，特別是對混亂中蛻變的考察。

在我看來，靈性覺醒和意識的演化是無法分開而論的。某種意義上，靈性覺醒**就是**人類意識的進化。自從單細胞生物出現在地球上（科學家多推測發生在約四十億年前），生物的身體和**意識**便一齊開始朝複雜演進。生命體對環境的覺察能力逐漸增強，智力和感受力逐漸增高，心智逐漸複雜化，對周遭和自身的理解逐漸變深。從這些方面來看，演化可說是生命體對世界及自身越來越有意識、有覺察的一段進程。

靈性覺醒是此一進程的延續。靈性覺醒代表進入一種更遼闊、更鮮明的覺察狀態。暫時體驗到覺醒經驗的人，會更鮮明地察覺周遭的世界、更鮮明地察覺和其他生命（包括其他人）及大自然的連結，也更鮮明地察覺自己的內在。達到永久清醒狀態的蛻變者也一樣——他們感知到一個無比鮮活的世界，並強烈感覺和他人與自然相連與共；他們意識到內在蘊藏過去未知的能量，在觀念方面也有更寬廣的覺察（覺醒經驗中這點較不明顯，原因很簡單：因為人們常忙著注意感官和情緒，還沒開始想觀念問題）。

由於觀念覺察的拓展，蛻變者得以超越群體身分，無視族群或國籍等表面差異，對全人類感到連結和無條件的愛。

換言之，蛻變覺醒意味著人們在演化上有所前進。歸根究柢，是演化造成了他們的蛻變，透過改變他們，一步步繼續將生命體推向更鮮明、更遼闊的覺察層次。

我們常常忘了，演化不只向過去延伸，也朝我們眼前展開。我們很容易無意識地想像，我們人類（今日的形態）就代表演化的**終點**，但這樣想當然是完全不合邏輯的。覺察越來越鮮明遼闊的進程，早在幾億年前即已展開，而未來也毫無疑問會繼續進行下去。事實上，我們之所以知道，是因為它此刻就在發生，透過蛻變者的轉變展現出來。

集體覺醒的跡象

我研究混亂中蛻變以來一直感到震撼的一件事，是蛻變者的更高自我多麼輕易、多麼自然地就出現了。這彷彿更高自我已全然成形、整合完畢，像隻即將從蛋裡孵化的小雞，準備隨時出世。我認為這是因為，從演化角度來看，這種更高自我，就是地球上的覺察要更遼闊（及鮮明），自然會走向的下一階段。

另一件值得注意的事實是，如同我第八章指出的，混亂中蛻變的全數案例中，出現的更高自我均是**同一種**。這顯示我們面對的是已有明確結構，正勢不可擋地慢慢展開顯現的一個發展階段。這恰好可以和我們長大的過程互相對照。我們從出生開始，身心都會經過許多發展階段，這些階段潛藏於我們內在，會自然而然、勢不可擋地展開。我相信，清醒狀態也正與此類似，在全體人類之中慢慢展開。

也就是說，蛻變者的更高功能狀態可能是**全人類**共同的未來。某種意義上，蛻變者預示著人類發展的一個新階段，即地球上意識進化的下個階段。於強烈混亂的時刻中誕生於他們內在的新自我，正等著集體誕生於所有人類內在。

我相信，這場集體轉變可能很快就會到來。此際，我們這個物種可能正迎向演化上的一次躍進。我們的集體意識裡，清醒之勢似乎不斷增強。

讓我指出三個顯示這一點的跡象。首先，已有證據表明，覺醒經驗——即淺嚐清醒狀態的暫時體驗——在過去數十年變得普遍了。一九六二年一份蓋洛普民意調查（Gallup poll）中，二二％的美國民眾表示自己有過「宗教或神秘經驗」，一九九四年，對同一問題答有的人增加到三三％，這個數字在二〇〇九年來到了四九％。皮尤研究中心（Pew Research Center）的調查也呈現出相同趨勢：二〇〇七年，五二％的美國民眾表示自己經常性地感到「深刻的心靈安樂」，該比例在二〇一四年提升至五九％；

而表示自己經常性地「對宇宙的奧妙驚奇不已」的比例，二〇〇七年為三九％，二〇一四年則增加到四六％。

一九六九年英國的一份民調詢問受訪者：「你曾經感覺過有不同於常的存在或力量（無論你是否稱之為上帝）嗎？」當時只有二九％的人答是，但三十年後的二〇〇五，人數大幅攀升到了七五％。

當然，這可能純粹表示今天有更多人意識到及願意接受靈性經驗。以前，人們或許較傾向壓抑，又或者未能辨認這類經驗。但也可能，這類經驗**確實**越來越普遍了。

這關係到集體轉變的另一個跡象，即對靈性與自我發展的關注大幅提升。人類潛能運動（Human Potential Movement）最早是一九六〇年代開始的，主要流行於美國和歐洲。最近數十年，這股風潮以指數成長。越來越多人想研究靈修方法，例如正念（Mindfulness）或傳統冥想。越來越多人覺得需要跟隨靈修途徑，比如佛家、道家、卡巴拉（Kabbalah）。越來越多人想嘗試迷幻物質，作為使意識更鮮明遼闊的一種途徑。彷彿我們人類歷經了數個世紀，一直將焦點放在外在世界，極力想控制自然、想在物質和地位中找尋幸福，而現在開始將目光轉往相反的方向了。我們開始探索**內在**世界，深掘自己成長和蛻變的潛能。當然，這也可能是靈性經驗如今更普遍的理由之一，因為很顯然，靈修能增加體驗到靈性經驗的機會。

第三個跡象假設性較高，並且與本書特別相關。研究混亂中蛻變近十五年來，我始終為能接觸到這麼多蛻變者驚奇不已。每聯絡一位蛻變者，好像都會讓我又多認識幾位。幾乎每週都會有人透過我的網站告訴我，他們曾在心理混亂中經歷突然的靈性覺醒（通常是說他們原本不太懂自己怎麼了，直到閱讀了我的一些拙作）。我很確定混亂中蛻變比多數人意識到的常見許多，至於它是否日漸普遍，目前還沒有確鑿證據。但我會說，若與前面兩種趨勢同步，混亂中蛻變近幾十年來也真的越來越普遍，我個人是不會感到意外的。

以上三點，可能都是清醒之勢正在增強、作為地球上意識進化的下個階段逐漸展開的跡象。而隨著逐漸演進，它也越來越明顯地表現在人類經驗的各方面，就像水面升高會表現在河川漫溢、湖泊漲滿、新支流出現等各形式一樣。清醒之勢正在升高，處處都能觀察到它的跡象。

集體覺醒的必要

這場演化轉變發生在今天這個我們迫切需要被喚醒的時刻，也許並不是巧合。如果我們無法集體覺醒，只怕人類目前的文明無法存續，甚至於人類滅絕都不無可能。

我們活在一個前所未有的危機年代。我們面臨一系列環境問題的威脅，其中有許多都已達臨界點：全球暖化、物種大滅絕、水資源短缺、沙漠化（導致人口大遷徙）、資源枯竭等。COVID-19的大流行也對全球造成沉重的打擊，各種防疫限制可能還要持續影響我們數年。世界人口的持續成長和政經局勢的不穩，又使這些問題更加惡化。

一般沉睡狀態的我們，是不可能解決這些問題的。畢竟是我們的沉睡狀態**導致**了這些問題。我們環境問題的根本原因在於分離的小我，它使我們覺得與自然界斷裂，無法對自然萬物和其他生命產生同情心或責任感。因為小我的脆弱孤立，我們渴望財富、權力、群體身分，導致競爭和衝突。因為用自動化、習以為常的方式感知世界，我們自動篩去了周圍的美麗生動，遁入腦中幽閉恐怖的抽象世界裡。因為觀念覺察的狹隘，我們只體會得到直接影響自己的局部問題，無法理解包羅廣泛的全球問題有何重要。

第七章前面提到的愛因斯坦名言，再換個說法就是：要解決問題，不能停留在導致問題的意識狀態。要解決這些問題，只能透過集體發展出一種不同的意識狀態——亦即集體覺醒。

我們必須覺醒，與自然界、與我們居住的這顆星球發展出一種新的關係。我們必須覺醒，以便能不再浪費生命追逐財富、地位、成功等枝微末節、無法帶來滿足的目標。一旦超越分離的小我，我們就不會再有累積的欲望，此時最強烈的欲望變成了**貢獻己力**。我們必須覺醒，以便能跳脫群體身分和它造成的衝突。我們物種的存續，有一部分取決於我們能否超越國籍與宗教之別，意識到全人類本質上的相同與一體。

換言之，我們必須覺醒，才能存續下去。如同奧羅頻多所說：「若人類要繼續延續，人性本質勢必得根本改變。」[1]

或許，這就是我們開始覺醒的**目的**之一。我們的集體覺醒或許某種程度上是一種求生衝動，被當前的危機所觸發。與此同時，危機的經驗本身也可能促成蛻變。本書中，我們一再看到個人會因混亂和痛苦而蛻變，人類集體無疑也是如此。此刻清醒之勢增強，或許就是人類集體對眼前危機的回應。

更確切地說，清醒之勢的增強可能與人類面臨滅絕威脅，或至少人類今日文明面臨滅絕威脅有關。我們先前看到，對於個人，生死危機可以帶來強大的覺醒效果。很可能對於人類物種來說，存亡危機也有同樣的效力。我們作為集體，正在承認生態浩劫迫在眉睫的嚴重事實，而我們此時的轉變，可能就和一位得知來日無多的癌症病人會出現的轉變屬於同一類。

最關鍵的，是時間的問題。我們能在災難性的連鎖反應開始前集體覺醒嗎？我們能及時醒來，彌補、阻止嚴重的自然浩劫發生嗎？答案很大程度上掌握在我們自己手裡。即使自己沒經歷過混亂中蛻變，我們同樣能主動透過靈修方法和途徑（如上一章介紹的方法）來培養覺醒。藉此，我們也能為人類的集體覺醒獻上一己之力。覺醒的個人越多，清醒之勢會越強，全人類距離清醒就又更接近了一步。

而那，將是一場最超凡的覺醒。

---

1 Aurobindo, *Future Evolution of Man*, 14.

附表：清醒狀態的特徵

清醒領域	特徵
感官	更強的感受力／更能處在當下 意識到「大存在」（the Presence）或靈性能量 活力充沛、和諧、與人事物相連
情感	內在安靜／較少與想法同化 超越分隔／有連結感 同理及同情 幸福快樂 不畏懼死亡（或恐懼減輕）
觀念／認知	不具群體身分 寬廣的視角——普世的觀點 更強的道德感 欣賞及好奇
行為	利他主義 享受發呆／能夠「在」 無物質主義（nonmaterialism） 獨立自主／活得更真誠 關係提升

參考書目

"A Bright Yellow Light." BBC Radio, 2019. https://www.bbc.co.uk/programmes /articles/1c575Zkjg7RDmy3Hgd0lKrP/a-bright-yellow-light.

"After Cancer Jolt and Four Rounds of Chemo, Clarity Has Come as a Lightning, Says Irrfan Khan." *Hindustani Times*, August 2, 2018. https://www.hindustantimes.com/bollywood/after-cancer-jolt-and-four-rounds-of-chemo-clarity-has-come-as-a-lightning-says-irrfan-khan/story-yPJsFvbCeBCJjrG0SnPBNN.html.

Alcoholics Anonymous: The Big Book. 1939. Reprint, New York: Alcoholics Anonymous World Services, 2001.

Alister, Paul Narada. *Bombs, Bliss and Baba: The Spiritual Autobiography behind the Hilton Bombing Frame Up*. Maleny, Australia: Better World Books, 1997.

Aurobindo, Sri. *Tales of Prison Life*. Calcutta: Sri Aurobindo Institute, 1920, pdf. https://www.auro-ebooks.com/tales-of-prison-life/#:~:text=%20Tales%20of%20Prison%20Life%20%201%20Tales,the%20%E2%80%9C.

———. *The Future Evolution of Man: The Divine Life upon Earth*. London: Allen & Unwin, 1963.

———. *Letters on Yoga*. Vol. 1, 1971. https://www.aurobindo.ru/workings/sa/22/0002_e.htm#ii.

Barker, Juliet. *Wordsworth: A Life in Letters*. London: Penguin, 2003.

Bhagavad-Gita. Edited and translated by Juan Mascaro. London: Penguin, 1988.

Cowing, Emma. "Five Years Ago, I Was Pronounced Dead in Afghanistan. This Is What I've Learned Since." *The Spectator* (December 2013). https://www.spectator.co.uk/article/five-years-ago-i-was-pronounced-dead-in-afghanistan-this-is-what-i-ve-learned-since.

D browski, Kazimierz. *Positive Disintegration*. Anna Maria, FL: Maurice Bassett, 2016.

Frankl, Viktor E. *Man's Search for Meaning: An Introduction to Logotherapy*. 1946. Reprint, New York: Simon & Schuster, 1984.

Frantz, Thomas, Barbara Trolley, and Megan Farrell. "Positive Aspects of Grief." *Pastoral Psychology* 47, no. 1 (October 2014): 3–17. http://dx.doi.org/10.1023/A:1022988612298.

Galanter, Marc, Helen Dermatis, and Cristal Sampson. "Spiritual Awakening in Alcoholics Anonymous: Empirical Findings." *Alcoholism Treatment Quarterly* 32, nos. 2–3 (June 2014): 319–34. doi: 10.1080/07347324.2014.907058.

Grof, Stanislav. *The Way of the Psychonaut*. Vol. 1. Santa Cruz, CA: Multidisciplinary Association for Psychedelic

Studies, 2019.

Hartmann, Ernest. *Boundaries in the Mind: A New Psychology of Personality*. New York: Basic Books, 1991.

" 'Hope Is a Powerful Weapon': Unpublished Mandela Prison Letters." *New York Times Sunday Review*, July 6, 2018. https://www.nytimes.com/2018/07/06/opinion/sunday/nelson-mandela-unpublished-prison-letters-excerpts.html.

James, William. "The Moral Equivalent of War." In *The Moral Equivalent of War, and Other Essays*. Edited by John K. Roth. New York: Harper & Row, 1971.

Joseph, Stephen. What Doesn't Kill Us: *A Guide to Overcoming Adversity and Moving Forward*. London: Piatkus, 2013.

Kastner, R. S. "Beyond Breast Cancer Survival: The Meaning of Thriving." *Dissertation Abstracts International: Section B: The Sciences and Engineering* 59, no. 5–B (November 1998): 2421.

Keay, Kathy. "Unquenchable Spirit: Irina Ratushinskaya RIP." *Thunderstruck* (July 21, 2017). http://thunderstruck.org/unquenchable-spirit-irina-ratushinskaya-rip.

Keen, Catherine, Craig D. Murray, and Sheila A. Payne. "Sensing the Presence of the Deceased: A Narrative Review." *Mental Health, Religion & Culture* 16, no. 4 (January 2012): 384–402. https://doi.org/10.1080/13674676.2012.678987.

Kelly, Edward, and Emily W. Kelly. *Irreducible Mind: Toward a Psychology for the 21st Century*. Lanham, MD:

Rowman & Littlefield, 2007.

Klass, Dennis. "Spiritual Aspects of the Resolution of Grief." In *Dying: Facing the Facts*, edited by Hannelore Wass and Robert A. Niemeyer, 243–68. Washington, DC: Taylor & Francis, 1995.

Koestler, Arthur. *The Invisible Writing*. New York: Macmillan, 1954.

Liebschutz, Jane, Jacqueline B. Savetsky, Richard Saitz, Nicholas J. Horton, Christine Lloyd-Travaglini, and Jeffrey H. Samet. "The Relationship between Sexual and Physical Abuse and Substance Abuse Consequences." *Journal of Substance Abuse Treatment* 22, no. 3 (April 2002): 121–28. doi:10.1016/s0740-5472(02)00220-9.

Maguen, Shira, Dawne Vogt, Daniel W. King, Lynda A. King, and Brett Litz. "Posttraumatic Growth among Gulf War I Veterans: The Predictive Role of Deployment-Related Experiences and Background Characteristics." *Journal of Loss and Trauma* 11, no. 5 (December 2006): 378–88. doi:10.1080/15325020600672004.

Mandela, Nelson. *Long Walk to Freedom: The Autobiography of Nelson Mandela*. London: Abacus, 1995.

Mihajlov, Mihajlo. "Freedom in the Gulag: Spiritual Lessons of the Concentration Camp." *Crisis Magazine* (November 1, 1988). https://www.crisismagazine.com/1988/freedom-in-the-gulag-spiritual-lessons-of-the-concentration-camp.

Murray, W. H. The Evidence of Things Not Seen: *A Mountaineer's Tale*. London: Baton Wicks, 2002.

Panin, Dimitrii Mikhailovich. *The Notebooks of Sologdin*. New York: Harcourt Brace Jovanovich, 1976.

Parappully, Jose, Robert Rosenbaum, Leland van den Deale, and Esther Nzewi. "Thriving after Trauma: The

Experience of Parents of Murdered Children. *Journal of Humanistic Psychology* 42, no. 1 (January 2002): 33–70. https://doi.org/10.1177/0022167802421003.

Pietrzak, Robert H., Marc B. Goldstein, James C. Malley, Alison J. Rivers, Douglas C. Johnson, Charles A. Morgan, and Stephen M. Southwick. "Posttraumatic Growth in Veterans of Operations Enduring Freedom and Iraqi Freedom. *Journal of Affective Disorders* 126, nos. 1–2 (October 2010): 230–35. https://doi.org/10.1016/j.jad.2010.03.021.

Prabhupada, Swami. "Room Conversation with Professor Dürckheim, Dr. P. J. Saher, and Professor Porsch." Interview, June 19, 1974. https://prabhupada.io/spoken/740619r1.ger#id20.

Rankin, Marianne. *An Introduction to Religious and Spiritual Experience*. London: Continuum, 2009.

Renz, Monika. Dying: A Transition. New York: Columbia University Press, 2015.

Roser, Max. "Mortality in the Past — Around Half Died as Children." *Our World in Data*, July 11, 2019. https://ourworldindata.org/child-mortality-in-the-past.

Shuchter, Stephen R. *Dimensions of Grief: Adjusting to the Death of a Spouse*. San Francisco: Jossey-Bass, 1986.

Sledge, William H., J. A. Boydstun, and A. J. Rabe. "Self-Concept Changes Related to War Captivity." *Archives of General Psychiatry* 37, no. 4 (May 1980): 430–43.

Solomon, Zahava, and Rachel Dekel. "Posttraumatic Stress Disorder and Posttraumatic Growth Among Israeli Ex-

POWs." *Journal of Traumatic Stress* 20, no. 3 (June 2007): 303–12.

Stanton, Annette L., Julianne E. Bower, and Carissa A. Low. "Posttraumatic Growth after Cancer." *In Handbook of Posttraumatic Growth: Research and Practice*, edited by Lawrence G. Calhoun and Richard G. Tedeschi, 138–75. Mahwah, NJ: Erlbaum, 2006.

Taylor, Steve. *Waking from Sleep: Why Awakening Experiences Occur and How to Make Them Permanent*. London: Hay House, 2010.

———. *Out of the Darkness: From Turmoil to Transformation*. London: Hay House, 2011.

———. *The Leap: The Psychology of Spiritual Awakening*. Novato, CA: New World Library, 2017.

———. "Transformation through Loss and Grief: A Study of Personal Transformation Following Bereavement." *The Humanistic Psychologist* (March 2020). doi: https://doi.org/10.1037/hum0000172.

Taylor, Steve, Divine Charura, Elliot Cohen, Fiona Meth, John Allan, Glenn Williams, Mandy Shaw, and Leonie O'Dwyer. "Loss, Grief, and Growth: An Interpretative Phenomenological Analysis of Experiences of Trauma in Asylum Seekers and Refugees. *Traumatology* (March 2020). https://doi.apa.org/doiLanding?doi=10.1037/trm0000250.

Thalbourne, Michael A., and Peter S. Delin. "Transliminality: Its Relation to Dream Life, Religiosity, and Mystical Experience." *International Journal for the Psychology of Religion* 9, no. 1 (1999): 45–61. doi: 10.1207/

s15327582ijpr0901_6.

Tolle, Eckhart. *The Power of Now*. 1997. Reprint, Novato, CA: New World Library, 2004.

Tomich, Patricia L., and Vicki S. Helgeson. "Is Finding Something Good in the Bad Always Good? Benefit Finding among Women with Breast Cancer." *Health Psychology* 23, no. 1 (January 2004): 16–23.

Van Lommel, Pim. *Consciousness beyond Life: The Science of Near-Death Experience*. San Francisco: HarperOne, 2011.

延伸資源

戴維寫了一本書，詳細述說他的瀕死經驗，和這件事帶給他人生的影響，書名叫《不滅之光：落軌那天我的彼岸奇遇和帶回來的驚人證據》（*Shine On: The Re- markable Story of How I Fell under a Speeding Train, Journeyed to the Afterlife, and the Astonishing Proof I Brought Back with Me*，英國 O-Books 出版，二〇二〇年）。

阿南塔的網址為：https://www.ananta-kranti.com，她的最新著作是《什麼在透過你眼睛看？》（What Looks through Your Eyes?，英國薩里郡 Yogaland 出版，二〇二二年）。

獄中鳳凰信託網址：https://www.theppt .org.uk。

唐娜的學術網址：https://childrenselfandanomalousexperiences.co.uk。

如果你正在經歷艱難的靈性覺醒，可以聯絡「靈性危機互助網」（Spiritual Crisis Network），網址：https://spiritualcrisis network.uk，或「美國靈性蛻變經驗整合中心」（American Center for the Integration of Spiritually Transformative Experiences），網址：https://aciste.org。

若你曾有混亂中蛻變的經驗，歡迎至我的網站https://www.stevenmtaylor.com之「你有過覺醒經驗嗎？」（Have you ever had an awakening experience?）專區，描述你的經歷。

誌謝

《超凡的覺醒》能夠成書，是一群熱情無私、不同凡響的人允許我說出他們的故事，並與我共同協力的結果。

在這邊我要向 Gus Hales、Gary、David Wright、Ted、Phyllis、Christopher Wilkinson、Adrian Troy、Ananta Kranti、Edward Little、Suzy、Renee、Mirtha、Graham Stew、LeeAnn Jones、Mark Nepo、Emma Cowing、Jane Metcalfe、David Ditchfield、Zak Khan、Donna Thomas、Parker、Simon、Greg、Eve、Amber、Nikki Phelan 獻上我最誠摯的謝意。也非常感謝獄中鳳凰信託的 Sam Sutton、Alister Hardy Trust 的 Marianne Rankin，以及 Lionel Pires、Michael Kaiser（艾德的辯護律師）、Matthew Green（介紹我認識格斯）。感謝 Jules Evans 提供靈性經驗相關調查的資料。最後要感謝 Krisztina Egato-Szabo 於二〇一七至二〇一八年間作為研究助理協助我，並在失去親友之蛻變研究上給我莫大的幫助。

中英名詞對照表

詩歌、著作與電影

〈丁騰修道院〉（詩；華茲華斯）“Tintern Abbey” (poem; Wordsworth)
〈不朽頌〉（詩；華茲華斯）“Intimations of Immortality” (poem; Wordsworth)
〈古拉格中的自由〉（米哈伊洛夫）“Freedom in the Gulag” (Mihajlov)
〈在痛苦中蛻變〉（著作；泰勒）“Transformation through Suffering” (Taylor)
〈我會活下去〉（詩；拉圖辛絲卡婭）“I Will Live and Survive” (poem; Ratushinskaya)
〈為喜悅所驚〉（詩；華茲華斯）“Surprised by Joy” (poem; Wordsworth)
〈相信我〉（詩；拉圖辛絲卡婭）“Believe Me” (poem; Ratushinskaya)
〈絕望之人〉（歌曲；布雷爾）»Les Désespérés»
《不滅之光》（迪區菲爾德）*Shine On* (Ditchfield)
《什麼在透過你眼睛看？》（著作；克蘭蒂）*What Looks through Your Eyes?* (Kranti)
《少年Pi的奇幻漂流》（電影）*Life of Pi* (film)
《回歸和諧》（語音課程；泰勒）*Return to Harmony* (audio course; Taylor)
《牢獄生活故事集》（著作；奧羅頻多）*Tales of Prison Life* (Aurobindo)
《念處經》*Satipatthana Sutta*
《是我亦非我》（著作；威廉斯）*Not I, Not Other Than I* (Williams)
《看不見的寫作》（著作；柯斯勒）*The Invisible Writing* (Koestler)
《飛躍》（著作；泰勒）*The Leap*
《神聖的生命》（著作；奧羅頻多）*The Life Divine* (Aurobindo)
《從沉睡中甦醒》（著作；泰勒）*Waking from Sleep* (Taylor)
《深夜加油站遇見蘇格拉底》（電影；米爾曼）*Way of the Peaceful Warrior* (Millman)
《貧民百萬富翁》（電影）*Slumdog Millionaire* (film)
《揮別瘋狂》（著作；泰勒）*Back to Sanity* (Taylor)
《意義的追尋》（著作；法蘭可）*Man's Search for Meaning* (Frankl)
《當下的力量》（著作；托勒）*The Power of Now* (Tolle)
《道德經》*Tao Te Ching*
《墮落》（著作；泰勒）*The Fall*
《衝破黑暗》（著作；泰勒）*Out of the Darkness* (Taylor)
《薄伽梵歌》*Bhagavad-Gita*
《邁入光明》（著作；馬丁內茲）*Step into the Light* (Martinez)
《蘇格蘭登山》（莫瑞）Mountaineering in Scotland (Murray)
《靈性科學》（著作；泰勒）Spiritual Science (Taylor)

2 劃

二元對立 duality
二元對立 opposites
人工流產 abortions
人之痛苦 suffering
人格類型 personality types
人類演化 evolution
人類潛能運動 human potential movement
人類學 anthropology

3 劃

十二步驟法 12-step programs
三摩地（印度概念） samadhi (Hindu concept)
上帝／神原 God/Godhead
大麻 cannabis

5 劃

6 劃

4 劃

自我反思 self-reflection
自我協調 self-attunement
自我探索 self-exploration
自我欺騙 self-delusion
自我發展 self-development
自我傷害 self-harm
自我厭惡 self-hatred
自我論述 self-narrative
自我懷疑 self-doubt
自信 self-confidence
自殺 suicide
自殺念頭 suicidal thoughts
自然 nature
自毀 egocide
自戀型人格障礙 narcissistic personality disorder
艾克哈特・托勒 Tolle
艾克哈特大師 Eckhart
艾利斯特・哈迪 Hardy
艾琳（癌症患者） Irene (cancer victim)
艾瑪・蔻茵 Emma Cowing
艾德・里托 Edward Little
血清素 serotonin
行為方面特徵 behavioral aspects
西班牙內戰（1936-1939） Spanish Civil War (1936–1939)
西蒙（壓力研究案例） Simon (stress case study)
如果只剩一年療法 Year to Live therapy

7 劃

亨利・沃恩 Henry Vaughan
亨利・蘇索 Henry de Suso
伴侶 partners: deaths of
佛陀 Buddha
佛教 Buddhism: author's experience
佛教禪宗 Zen Buddhism
克莉絲緹娜・葛羅夫 Grof
利他主義 altruism
伊凡・可汗 Irrfan Khan
伊拉克戰爭（2003 ～ 2011） Iraq War (2003–2011)
伊芙（成癮研究案例） Eve (addiction case study)
伊琳娜・拉圖辛絲卡婭 Irina Ratushinskaya
全球暖化 global warming
冰毒 meth
印度 India
印度思想 Indian philosophy
印度教 Hinduism
合而為一的經驗 oneness
同情心 compassion
同理心 empathy
同儕壓力 peer pressure
在 vs. 做 being vs. doing
在別處狀態 state of elsewhereness
地位 status
好奇心 curiosity
如果只剩一年療法 Year to Live therapy
安・韋特羅 Ann Wetherall
安珀（成癮研究案例） Amber (addiction case study)
安靜 quietness
成癮 addictions
托馬斯・特拉赫恩 Traherne
死亡 death
死亡過程 dying process
死刑之威脅 execution
死藤水 ayahuasca
米哈伊洛・米哈伊洛夫 Mihajlo Mihajlov
米哈伊爾・戈巴契夫 Mikhail Gorbachev
老子 Lao Tzu
自由 freedom
自立 self-reliance
自我 self
自我中心 egocentrism
自我中心 self-centeredness

8 劃

10 劃

9 劃

12 劃

11 劃

14 劃

13 劃

15 劃

16 劃

17 劃

18 劃以上

超凡的覺醒

洞察人性正向昇華的蛻變潛能——心理學研究靈性經驗，從失去、創傷、憂鬱、瀕死等真實案例，發掘人心回應苦難進而向上轉化的智慧

原　書　名——Extraordinary Awakenings: When Trauma Leads to Transformation
作　　　者——史蒂夫・泰勒（Steve Taylor）
譯　　　者——李　忞

總　編　輯——王秀婷
責 任 編 輯——郭羽漫
版　　　權——徐昉驊
行 銷 業 務——黃明雪

發　行　人——涂玉雲
出　　　版——積木文化
104 台北市民生東路二段 141 號 5 樓
電話：(02)2500-7696　傳真：(02)2500-1953
官方部落格：http://cubepress.com.tw
讀者服務信箱：service_cube@hmg.com.tw

發　　　行——英屬蓋曼群島商家庭傳媒股份有限公司城邦分公司
台北市民生東路二段 141 號 2 樓
讀者服務專線：(02)25007718-9
24 小時傳真專線：(02)25001990-1
服務時間：週一至週五 09:30-12:00、13:30-17:00
郵撥：19863813　戶名：書虫股份有限公司
網站　城邦讀書花園｜網址：www.cite.com.tw

香港發行所——城邦（香港）出版集團有限公司
香港灣仔駱克道 193 號東超商業中心 1 樓
電話：+852-25086231　傳真：+852-25789337
電子信箱：hkcite@biznetvigator.com

新馬發行所——城邦（馬新）出版集團 Cite (M) Sdn Bhd
41, Jalan Radin Anum, Bandar Baru Sri Petaling, 57000 Kuala Lumpur, Malaysia.
電話：(603) 90578822　傳真：(603) 90576622
電子信箱：cite@cite.com.my

封 面 設 計——兒日設計
內 頁 排 版——薛美惠
製 版 印 刷——韋懋實業有限公司

First published in The United States of America by New World Library
This edition is arranged with New World Library through BIG APPLE AGENCY, INC., LABUAN, MALAYSIA.

【印刷版】
2023 年 3 月 28 日　初版一刷
售　價／ 380 元
ISBN ／ 978-986-459-485-6

【電子版】
2023 年 4 月
ISBN ／ 978-986-459-487-0（EPUB）

【有聲版】
2023 年 4 月
ISBN ／ 978-986-459-492-4（MP3）

國家圖書館出版品預行編目 (CIP) 資料

超凡的覺醒：洞察人性正向昇華的蛻變潛能——心理學研究靈性經驗，從失去、創傷、憂鬱、瀕死等真實案例，發掘人心回應苦難進而向上轉化的智慧 / 史蒂夫 . 泰勒 (Steve Taylor) 作；李忞譯 . -- 初版 . -- 臺北市：積木文化出版：英屬蓋曼群島商家庭傳媒股份有限公司城邦分公司發行 , 2023.03

面；　公分 . --（Wellness ; 23）

譯自：Extraordinary awakenings : when trauma leads to transformation.

ISBN 978-986-459-485-6（平裝）

1.CST: 心理創傷 2.CST: 超感知覺

176.28　　112001553